Merkle

Motorboot fahren

Seite 87
Seite 89
Seite 111

Ludwig Merkle

Motorboot fahren so fängt's an

Verlag Delius Klasing & Co Bielefeld

2. Auflage

ISBN 3-7688-0258-2

Umschlagentwurf: Hans-Jürgen Dohse
Zeichnungen: Ekkehard Schonart
Printed in Germany 1979
Druck: Gustav Thomas, Bielefeld

Inhaltsverzeichnis

Vorwort

Motorbootfahren, im Prinzip, grundsätzlich und als solches, ist kinderleicht. Man läßt den Motor an, legt, kupplungslos, den Gang ein, gibt ein bißchen Gas, schon fährt das Schiff, geradeaus, rechts- oder linksherum, ganz wie man lenkt. So ist dieser Sport ganz vorzüglich für Anfänger geeignet, und so ist auch dies Buch jenen See- und Fahrensleuten, Meeres- und Binnenkapitänen zugedacht, die sich erst am Beginn – oder noch vor demselben – ihrer nautischen Laufbahn befinden. Und vor denen sich, Wellenbergen und jähen Riffen gleich, dann doch manche Probleme auftürmen – wie das halt so im Leben geht.

Ein Motorboot

Was ist ein Motorboot?
„Eine Motoryacht oder ein Motorboot ist ein durch Maschinenkraft angetriebenes Wasserfahrzeug“, sagt der Deutsche Motoryachtverband, „das dem Sport oder der Erholung dient.“ Wieviel PS oder kW*, 3,3 oder zweimal 425, ist eine reine Frage der Quantität. Auch ob sich's um ein offenes Winzschifflein handelt oder um eine Yacht mit mehreren Kajüten und Salons, ist nicht entscheidend; ebensowenig das Material: Holz, Kunststoff oder Stahl.
Man kann ein Boot auch aus Gummi machen, das Schlauchschiff mit einem Motor versehen und damit, durchaus erfolgreich, von Alexandrien nach Paris, von Sizilien nach Tunis oder von Helgoland nach Büsum fahren.

* 1 kW = 1,36 PS, 1 PS = 0,735 kW

Dennoch ist dem Gummischiff hier nur ein kurzes Kapitel gewidmet. Nicht aus Verachtung, nein, aber für Schlauchbootfahrer gibt es schon ein eigenes Buch – im selben Verlag, vom selben Autor.
So reicht es, wenn wir hier zusammenfassen:

1. Ein festes Motorboot ist schicker und gesellschaftlich weit angesehener als ein Schlauchboot.
2. Und insofern bequemer, als sein Besitzer es, wenn er damit ins Wasser will, weder zusammenbauen noch aufpumpen muß.
3. Dafür läßt sich ein Schlauchboot ohne übergroße Mühe transportieren.
4. Und ohne Slipwagen oder Kran ins Wasser bringen.
5. Ohne Liegeplatz in jedem Keller oder Speicher lagern.

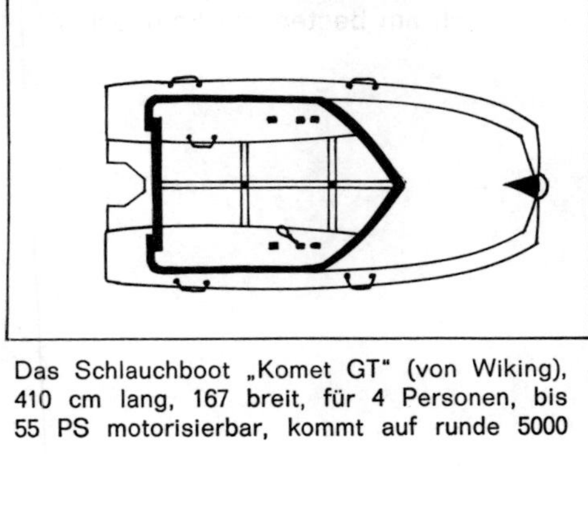

Das Schlauchboot „Komet GT“ (von Wiking), 410 cm lang, 167 breit, für 4 Personen, bis 55 PS motorisierbar, kommt auf runde 5000

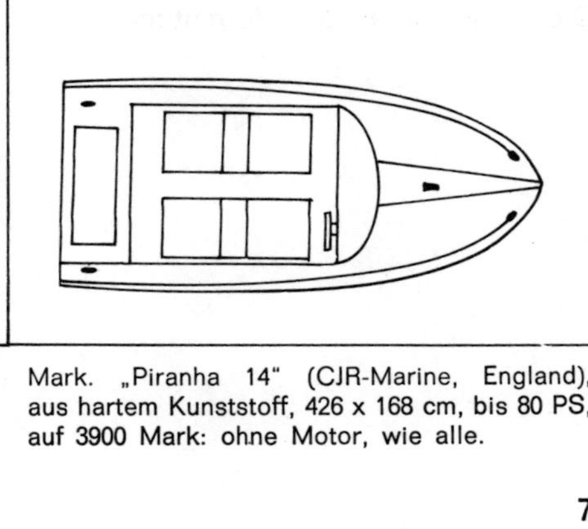

Mark. „Piranha 14“ (CJR-Marine, England), aus hartem Kunststoff, 426 x 168 cm, bis 80 PS, auf 3900 Mark: ohne Motor, wie alle.

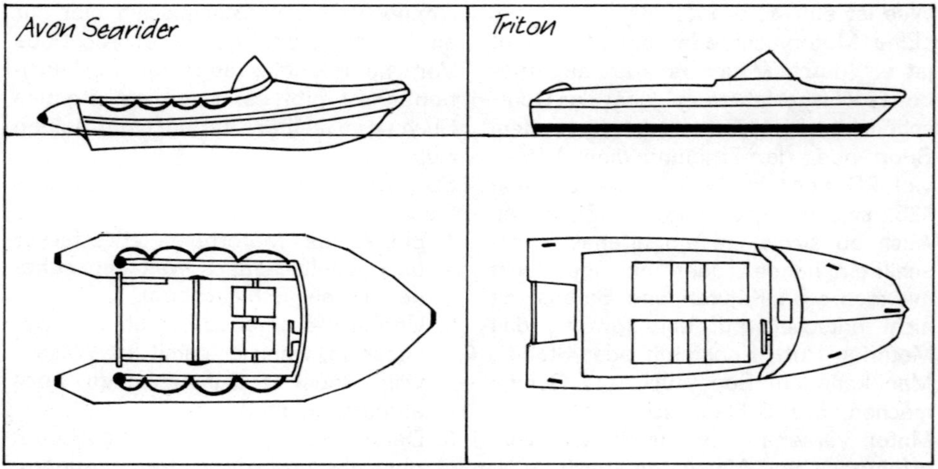

Schlauchboot „Avon Searider 4 M", 50 PS, 405 cm lang, 180 breit, kostet 4550 Mark. Ebensoviel wie das – wiederum hartkunststoffene – „Triton" von der Hellwig-Werft, das dieselben Maße hat und einen Außenborder bis 80 PS verträgt.

6. Und oft, was sehr schätzenswert ist, auch als mehr oder weniger sportliches Segelboot benutzen.

Ob man ein festes Schiff oder ein Schlauchboot kauft, ist somit – vom Punkt 6 abgesehen – überwiegend eine Frage der Wohnhaftigkeit: je seeferner, desto schlauch gewissermaßen.

Die naheliegende Vermutung, ein Schlauchboot sei billiger als ein vergleichbares aus festem Material, ist irrig. Man kann fürs gleiche Geld sowohl das eine wie das andere bekommen.

Die Beispiele zeigen: Sparsamkeit muß nicht unbedingt zum Ankauf eines Schlauchboots führen. Wer sparen will, kauft sich am besten gar kein Schiff.

Von 1000 bis unendlich

Man nehme 1000 oder 1500 Mark zurhand, kaufe sich ein zweieinhalb Meter langes, respektive kurzes Schlauchboot oder ein hartes Kunststoff-Dingi, hänge einen 2-bis-3-PS-(1,5-bis-2,2-kW)-Motor ans Heck, und schon hat man ein Motorboot.

Oder, empfehlenswerter, man begibt sich zur Ostsee-Werft nach 2380 Winning/Schleswig und erwirbt dort die „17 m Vertens", eine Seeyacht, 17 Meter 20 lang, 4,90 breit, mit acht oder zehn Kojen drin; die kostet rund 800000 Mark, einschließlich freilich eines 840-PS-(620-kW)-Dieselmotors.

Dazwischen – und auch jenseits der 800 000 – gibt es Schiffe in fast jeder Größe, Schönheit und Seetüchtigkeit.

Ein motorisierbares Schlauchboot kostet von zirka 600 bis 8000 Mark.

Ein hartes Dingi, zweieinhalb bis dreieinhalb Meter lang, 700 bis 1300, ein offenes Sportboot oder Runabout für schnelles Flitzen, flotte Wasserskifahrt und zum Eindruckschinden zwischen drei- und hundertsoundsovieltausend.

Kajüt- und Weekendboote gibt's ab 4 Meter 30 Länge und 5000 Mark, und dann ist über kleine Kreuzer, große Kreuzer bis zur Luxusyacht kein Halten mehr.

Gutmütige Werften bieten 14-Meter-Yachtrümpfe aus Kunststoff oder Stahl zum Selbstausbau durch waghalsige Bastler um 25 000 Mark und Schalen, aus denen zweikojige Kajütboote werden können, schon für anfang 3000. Wer da im Do-it-yourself bewandert ist, kann auf preiswertem Wege zum Yachteigner werden.

Es gibt vorzügliche Wassersportkataloge (zum Beispiel alljährlich „Klasings Bootsmarkt international"), denen man gradezu verwirrt entnimmt, wieviele und wie schöne Boote von den Schiffebauern angeboten werden. Und es gibt buntfarbige Werftprospekte und eindrucksvolle Ausstellungen, auf denen ganze Flotten von Sport- und Urlaubsschiffen zu bewundern sind.

Zum besseren Verständnis wenigstens der wichtigsten Begriffe aus der seemännischen Fachterminologie dient der nun folgende Sprachführer.

Nautischer Sprachführer zum Thema „Sportboot bis Yacht“

Cockpit	soviel wie „Plicht“: gegenüber dem Deck vertiefter Raum mit Sitzbänken für die Besatzung und den Steuermann.
Daycruiser	Motorboot mit eingedecktem Vorschiff, das trockenen Stauraum und zwei Kojen bietet. Sonstiger Komfort: keiner.
Dingi	kleines, offenes, auch motorisierbares Ruder- oder Segelboot. Das Wort ist hindustanisch und kommt aus dem Englischen (original „dinghy“ geschrieben) ins deutsche Wassersportgewerbe.
Eigner	man könnte auch „Bootsbesitzer“ sagen, das aber wäre unseemännisch; wer ein Boot hat, ist der Eigner dieses Boots.
Gleitboot	ein (Motor- oder Segel-)Boot, das beim Fahren das Wasser nicht nach der Seite verdrängt, sondern so konstruiert ist, daß es, bei entsprechender Geschwindigkeit, auf der Wasseroberfläche gleitet, wo es weitaus weniger Widerstand zu überwinden hat.
Koje	fest eingebautes Bett im Boot.
Kreuzer	fahrtüchtiges Wohnboot.
Pantry	Kochnische auf dem Schiff.
Runabout	offenes Motorboot mit Einbaumotor.
Sportboot	offenes Motorboot mit Außenbordmotor.
Verdrängungsboot	Boot, dessen Rumpf – im Gegensatz zum Gleitboot – im Wasser bleibt und das Wasser nach der Seite verdrängt. Seine Höchstgeschwindigkeit ist von der Länge des Rumpfes abhängig.
Weekender	ein Wochenendwohnboot mit zwei oder drei Kojen und sportlichen Fahreigenschaften.
Yacht	ein Vergnügungs-, nicht Berufsfahrzeug, seetüchtig, komfortabel eingerichtet, normalerweise nicht viel unter 10 Meter lang.
Z-Trieb	schwenkbarer Außenbordantrieb eines eingebauten Motors.

Wie's da drin aussieht

Im Prinzip wie in einem Wohnmobil. Aus den Bänken, die als Truhen für Schwimmwesten, Kleider, Bücher, Lebensmittel usw. dienen, und den Tischen macht man durch Umlegen, -kippen, -klappen und sinnreiche Polsterverteilung ein paar Liegeflächen. Ein halbhohes Küchenschränkchen dient als Anrichte, enthält den Kühlschrank, und obendrauf ist der Kocher, zweiflammig, petroleum-, gas- oder spiritusbetrieben, installiert und eine Spüle. Davor der Steuermannssitz, nach vorne klappbar; will man auf ihm Platz nehmen, so kippt man ihn zurück, worauf er das Spülbecken bedeckt, weil der Konstrukteur davon ausging, daß, solang der Kapitän dort sitzt, sich niemand von der Crew die Hände waschen will.

Das Wasser, in einem eingebauten Tank oder, billiger, einem Plastikkanister, wird mittels einer Pumpe durch den Hahn getrieben, sofern die Pumpe geht. Die Pumpe ist füßlings bedienbar, das Pedal ragt so in den Gang zwischen Eßecke und Küche, daß man drüberfällt.

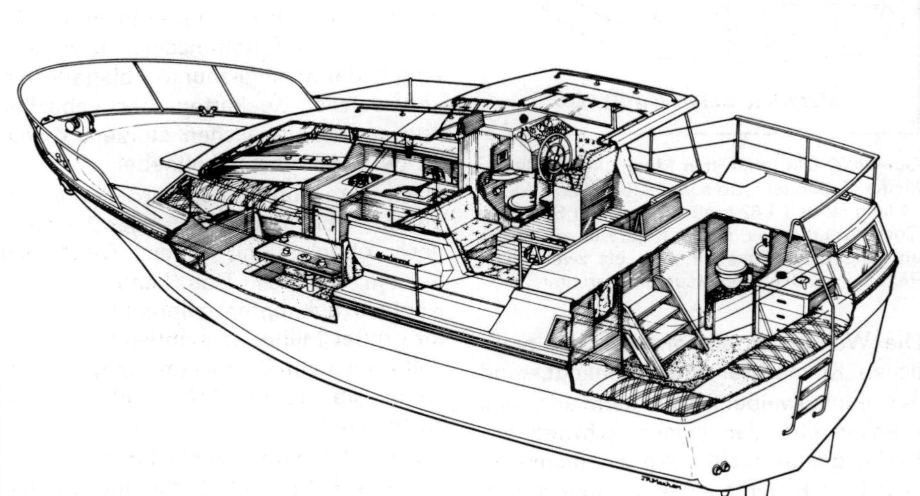

1

„Birchwood 33", eine luxuriöse, 10 Meter 25 lange Yacht für Kunden mit übrigen 120 000 Mark. Achtern, hinten, befindet sich eine stehhohe Kajüte mit zwei Einzelbetten oder einer Doppelliege, darüber, auf dem Dach der Kajüte, ein geräumiges Sonnendeck. Im Cockpit, wo der Steuermann sitzt, sind Polsterbänke, darunter Stauräume. Den Motor findet man unter dem Cockpit. Die Kajüte vorn enthält im Bug zwei Kojen, durch Vorhang vom übrigen Kajütraum abtrennbar, der mit Küche, Kleiderschrank, Sitzgruppe und Tisch ausgestattet ist. Der Tisch kann abgesenkt werden und bildet dann zusammen mit den Sitzen ein Doppelbett. Unter den Sitzen hat man Stautruhen, neben der Pantry (mit Grill, Backröhre und Kühlschrank) den Toilettenraum mit WC und Dusche.

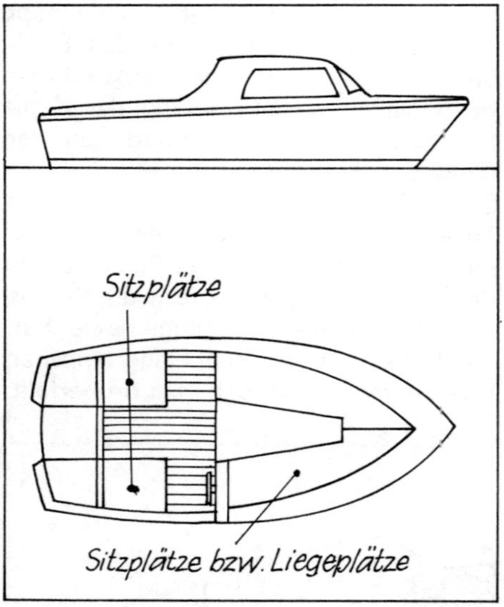

Gute 7000 DM (ohne den Motor) kostet dieses kleine Kajütboot „Crescent 418", das 4 Meter 24 lang ist und 1,82 breit. Außer zwei Sitzen im Cockpit enthält es, in der Kajüte davor, nichts als eine Liegefläche für zwei bis zweieinhalb Personen und etwas Stauraum darunter.

Die Wände, im Plafond-Eck mit niedlichen Kleinschränkchen behängt, sind aus dunkelweißem Kunststoff und, aus welchen Gründen immer, schwarz gefleckt, gesprenkelt – ein Seemann mit Geschmack müßte sie sofort tapezieren. Zum Bug hin, vor dem Steuermann, läuft die Kajüte spitzig zu, beidseits mit Polstertruhen ausstaffiert; wenn man den Zwischenraum zwischen den Truhen mit einem Einsatzbrett überbrückt, entsteht eine dreieckige Liegefläche für zirka zwei Personen, und wenn die sich heftiger rühren, kommt es vor, daß das Einsatzbrett zu Boden fällt.

Ein Loch, „Vorluk" genannt und mittels eines Deckels zugedeckt, führt von dort nach vorn oben auf das Vorderdeck. Auch wenn man es zuschließt, regnet es herein; wir wirken dem unvollkommen durch ein Stück Plastikhaut entgegen, das wir dazwischenklemmen.

Am hinteren Cockpitende ist nochmals eine Truhenbank, da haben wir Benzin-, Wasserkanister, Öl etc. gelagert, auch die Batterie ist drin, ferner ein Suppenlöffel, den wir dazu mißbrauchen, die Tankschraube zu öffnen.

Vor dem Steuermann befinden sich das Lenkrad, das Armaturenbrett mit Lichtschaltern, Kraftstoffanzeiger usw. und eine leider uneingezäunte Ablagefläche, von welcher Seekarten, Aschenbecher und auch Colaflaschen stürzen; rechts ist der Gas- und Schalthebel.

Nach vorn und seitich wird der Kajütaufbau von Fenstern abgeschlossen, nach obenhin mit einem Dach aus blauem Zelttuch. Das kann man mit Knebeln anknöpfen, allerdings nur unter großer Mühe; es empfiehlt sich deshalb, mit dem Zumachen längere Zeit, bevor die ersten Regentropfen fallen, zu beginnen.

Auch nach hinten wird der Raum mit einer Zeltpersenning zugemacht; die läßt sich ziemlich leicht anbringen, bloß sieht man durch das biegsame Zelluloidheckfenster, das in die Zeltbahn eingenäht ist, nicht hindurch – was aber wenig schlimm ist: da ein Reißverschluß geplatzt ist, kann der Blick wenigstens durch die von ihm gelassene Lücke schweifen.

Ein Scheibenwischer ist noch zu er-

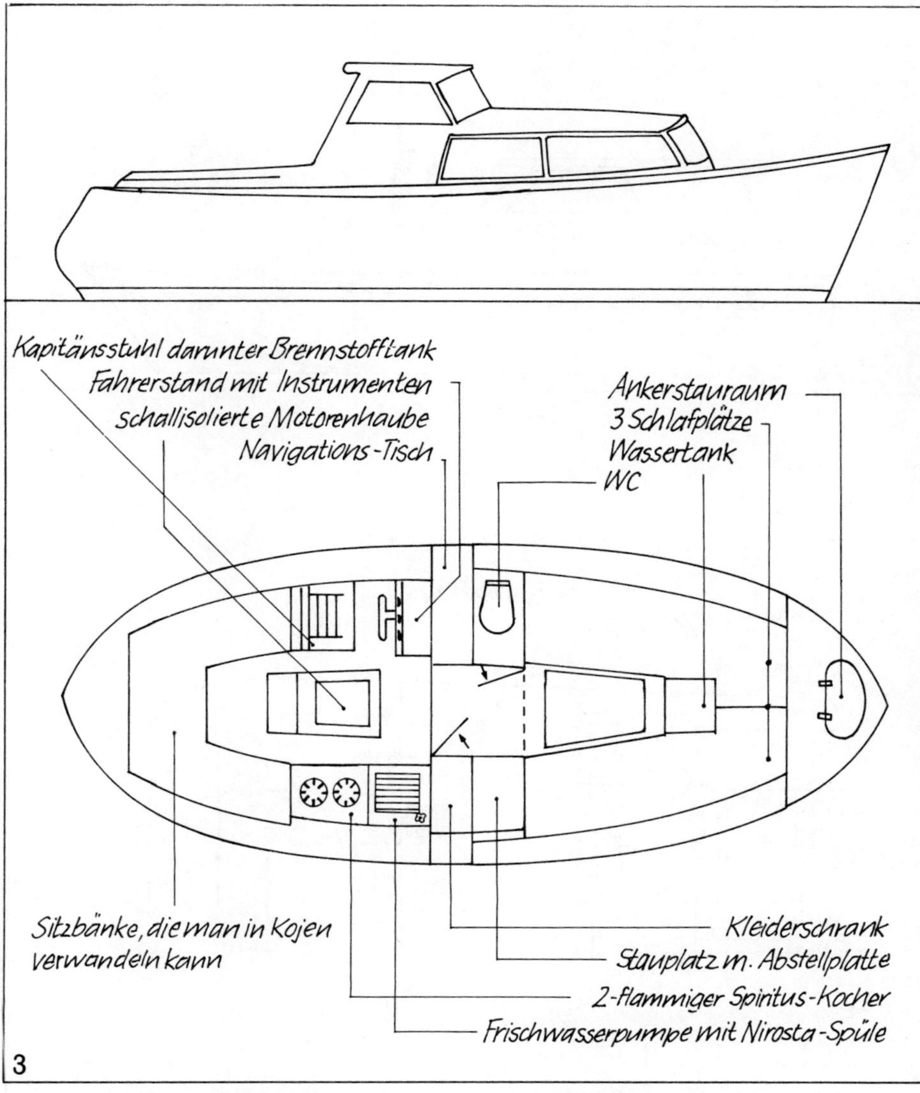

3

„Monark 69", 6 Meter 90 lang, 2,60 breit, 7 Knoten schnell mit einem 25-PS-(18-kW)-Diesel-Motor, Preis: an die 50 000 Mark. In einem solchen Familienschiff ist, wie man sieht, schon viel Bequemlichkeit enthalten.

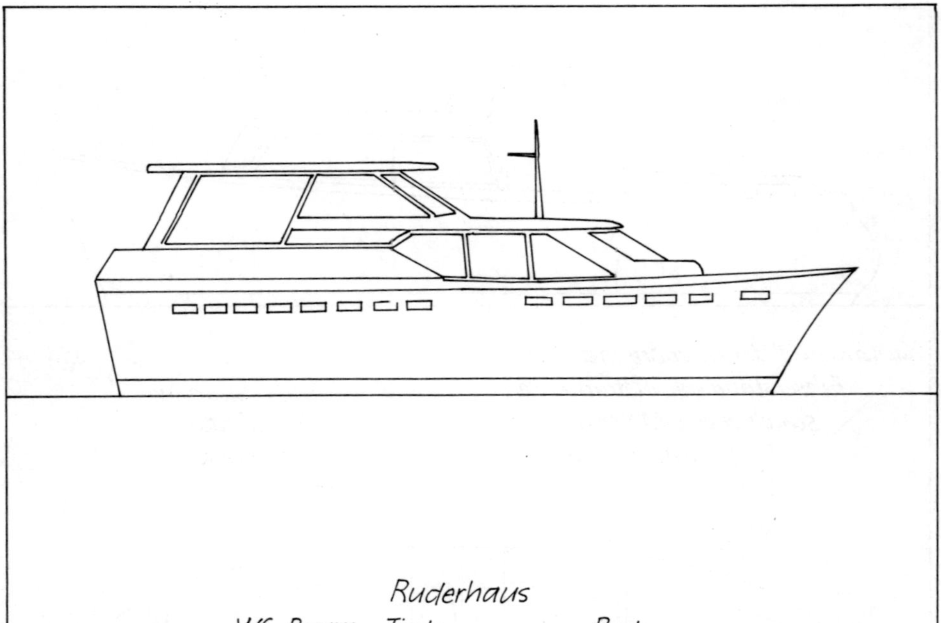
Ruderhaus
WC-Raum
Tisch
Pantry
Schrank
Koje
Tisch
Doppelkoje
WC-Raum
Koje

4

Eigene Yacht – weit gebracht

wähnen – einer, denn die Werft mußte sparen –, ferner eine Handlaufstange auf dem Kajütendach, das bugkorbumgebene Vordeck, auf dem man angenehm in der Sonne liegen kann, und das Material, aus dem das Schiff besteht: Kunststoff, nur stellenweis so rutschig, daß man über Bord fällt, oben weiß, unten kräftig rot.

Das ist das Porträt eines Schiffes, das 6 Meter 40 lang, 2,50 breit ist und, samt 70-PS-Motor, rund 25 000 Mark kostet: eines Schiffes, auf dem zwei oder drei Personen, durchaus zumutbar bequem, ein paar vergnügte Wochen zubringen können.

Sparsamere Investition führt zu entsprechend bescheidenerer Urlaubsgestaltung, mehr Geld – wie man in den Bildern sieht und wie auch sonst im Leben – zu gediegener Prachtentfaltung und pompöser Herrlichkeit.

◀ Fast 500 000 DM braucht man, um diese Luxusyacht (13,40 x 4,55 m, 2 Dieselmotoren à 270 PS [200 kW]) „Ancora 44 Sealife" zu erwerben. In drei Kabinen sind sechs Schlafplätze, in zwei Waschräumen WC und Duschen untergebracht. Das Interieur ist – bei dem Preis kaum eine Kunst – von erlesener Teak-Eleganz.

Es ist sehr schön und wahrscheinlich ein Grund zu tiefer Rührung, wenn ein Mensch eines Tages, nachdem er zahllose Ausstellungen besucht, viele Kilogramm Prospekte durchstudiert, Test- um Testbericht gelesen, mit zwanzig Werften verhandelt hat, sein eigenes Schiff in Empfang nimmt. Ein herrliches Schiff! Stolz liegt es im Wasser, strahlend schwanenweiß, mit Heckkabine, vorderer Kabine, vier Kojen drin, an die acht Meter lang, mit 50-PS-(36-kW)-Motor, zwölf Knoten schnell. Nun gehört es ihm.

Nehmen wir an, es kostet 50 000 Mark und setzen wir – fälschlich aber einfachheitshalber – voraus, in diesem Preis sei die ganze Ausrüstung enthalten.

Was kostet's noch?

Nun, es braucht einen Liegeplatz, an der Ostsee vielleicht oder am Mittelmeer. Der kostet im Jahr 500, 1000, möglicherweise auch 1500 Mark oder noch mehr; das ist verschieden.

Für Inspektion, Pflege, Reparaturen rechnet man im Jahr zirka 5 Prozent vom Schiffspreis, das sind 2500 Mark.

Die Abschreibung schlägt mit noch einmal 2500 Mark zubuche.

Kaskoversicherung kostet 1000, Haftpflicht um die 90 Mark.

Hätte sich der Mann für die 50 000 Mark Pfandbriefe angeschafft, siebenprozentige, bekäme er 3500 im Jahr.

Wenn wir zusammenrechnen, was ihn sein Boot – ohne Kraftstoff – per anno kostet, so kommen wir auf rund und gern 10 000 Mark. Nun ja, er wird sich's nicht vom Mund absparen; er hat's wahrscheinlich, und darum macht ihm das gar nichts aus.

Rein theoretisch aber und zum Troste derer, die so wohl nicht situiert sind, kann man einmal weiterkalkulieren.
10 000 Mark also kostet das Schiff im Jahr. Was wäre, wenn unser Mann das Schiff, das gleiche, anstatt es zu kaufen, chartern würde?
Für ein Charterschiff zahlt man pro Woche, je nach Gegend und Saison, zwei bis drei Prozent vom Einkaufspreis. Das wären für ein 50 000-Mark-Boot 1000 bis 1500 Mark.
Sieben bis zehn Wochen lang im Jahr könnte der Mann das Schiff also chartern für diese 10 000 Mark; vielleicht drei Wochen hier, zwei Wochen da und nochmal vier wieder woanders. Aber fährt er überhaupt so lang? Es ist ja so, daß Leute, die viel Geld haben, dieses Geld oft auch irgendwie verdienen müssen und daher gar nicht immerzu bootfahren können.
Statistiker haben ausgerechnet, daß eine durchschnittliche Yacht an einer durchschnittlichen Küste pro Jahr 75 Betriebsstunden zusammenbringt. Betriebsstunden sind jene Stunden, in denen der Motor läuft; die Zeit, die man im Hafen zubringt, geht extra. Sie fahren also sicherlich keine zehn Wochen lang (das wären 70 Tage à 64,3 Minuten) und wahrscheinlich auch keine acht (56 Tage à 80,4).
Also würden ihnen wahrscheinlich schon fünf Wochen reichen oder vier, und also kämen sie als Charterkapitäne weit billiger weg. Aber der rechnerische ist vermutlich nicht der rechte Weg, um den Ratschlüssen eines Schiffsherrn nachzuspüren. Andere Personenkreise freilich mögen daraus entnehmen, daß es letztenendes so traurig gar nicht ist, wenn man keine 50 000 Mark hat, um ein Schiff zu erwerben. Sie werden sich mit Gewinn des Chartermarkts bedienen.

Domani

Versuche, im Vorüberfahren irgendwo schnell ein Schiff zu mieten, sind meistens von nur mäßigem Erfolg begleitet. Wir probierten das eines Sommers an der Adria, in der Gegend zwischen Chioggia und Ravenna.
Fragten in Porto di Levante; das ist ein kleines Dörfchen (mit vorzüglichem Fischrestaurant) an einem der zahlreichen Po-Arme, und dort befindet sich ein kleiner Hafen voll von Motorbooten.
Nein, war die Auskunft, die Bootsbesitzer fahren alle selber, da vermietet keiner. Aber ein bißchen weiter südlich, bei den großen Badestränden: Lido delle Nazioni, Lido degli Estensi, Lido di Spina usw., da gibt es sicher etwas.
Wir fahren hin, fragen beim Verkehrsamt. Boote mieten?, sagen die, dafür sind wir nicht zuständig. Aber ein Stück weiter, links neben der Straße, ist eine Werft, da kriegen Sie schon eins.
Wir fragen an der Werft. Ja, heißt es da, wir haben grad ein Schiff hereinbekommen, das Ihnen ganz bestimmt gefällt, fünf Millionen Lire.
„Nix kaufen", sagen wir, „mieten, chartern, noleggiare!"
Nein, Mietboote hatten sie früher einmal, aber da gab es soviel Ärger, das machen sie nicht mehr.
Wo ist denn in der Gegend eine Vercharterei? – Keine Ahnung.
Schließlich finden wir, kurz vor Rosolina Mare an der Etsch, ein kleines Wirtshaus und einen Bootssteg und eine Werkstätte und einen Kran daneben. Vielleicht gibt's hier ein Schiff für uns?
„Sicher", sagt der Padrone, „warum nicht? Natürlich können Sie hier ein Boot mieten."
Und wo ist es?
Ja, wo? Das ist das einzige Problem. Es hatte nämlich einen kleinen Unfall, nichts Bedeutendes, und drum ist es im Augenblick nicht hier. Aber der Schaden wird gerichtet, und dann kriegen wir das Boot. 50-PS-Motor, Kajüte, più bello!
„Und wann?"
„Nun, heut ist Donnerstag. Freitag, Samstag, Sonntag. Sagen wir am Montag."
„Montagvormittag?"
„Ja, Montagvormittag."
„Um 10?"
„Um 10."
Am Montagvormittag um 10 Uhr sind wir da. Der Padrone nicht. Vorhin war er noch am Steg, sagt seine Frau, wahrscheinlich kommt er bald.
Um 11 Uhr ist er noch nicht erschienen, wir verschieben das Treffen auf den Abend.
Um halb 8 fahren wir wieder vor. „Buona sera", wünscht uns der Wirt und fragt, was er für uns tun kann.
Uns endlich das Boot vermieten.
Achja, das Boot. Ja, das ist dumm, das ist doch zu sehr kaputt, es wird mehrere Wochen dauern, bis es repariert ist. Tut ihm leid.
Uns auch, so lang können wir nicht warten.
Das braucht's auch nicht, da gibt er uns einfach ein andres Boot, ein prima Boot, da drüben steht's. Nein, nicht das große, das daneben.
Das ist ein drolliges Boot, hat einen baldachinartigen Aufbau und ist fast so hoch wie lang.
„Bitte, treten Sie ein!" Vier Stautruhen sind drin mit etwas Schaumstoff drauf

zum Sitzen, ein paar Bretter, mit deren Hilfe man die Zwischenräume überbrücken und ein kleines Nachtlager errichten könnte, ein paar blaue Vorhangfetzen, die vom Baldachin herabwehen, ein Lenkrad, aber nicht angeschlossen, etliche Liter Wasser in den Truhen. Das Lenkrad wird der Chef montieren, die Truhen schöpft er aus.
Und hier der Motor, Carniti 10 PS. Zündschlüssel drehen, bitte, da ist er schon und brummt gewaltig.
Naja. Was soll das kosten? 40 Mark am Tag.
Oder sagen wir 30?
35.
„Und wann kriegen wir's?"
Ja, das Boot ist leider nicht das seine, sondern von einem Bekannten. Und den muß er natürlich erst noch fragen. Aber der läßt's uns sicher. Das Herrichten ist eine Kleinigkeit. Sagen wir morgen, domani? 12 Uhr?
Mittags treffen wir ein. Die Frau Wirtin ist da, ihr Mann nicht, aber der kommt jeden Augenblick, der muß bloß noch die Schiffspapiere holen, die er vergessen hat.
Das Boot ist tatsächlich trockengewischt. Frontschaltung und -lenkrad sind montiert, Zündschlüssel steckt, sogar einen Haufen Schwimmwesten hat er uns hineingetan und ein paar Schnüre. Selbst einen Anker haben wir.
Um dreiviertel eins kommt der Padrone mit unseren Papieren. Er schreibt auf, wie ich heiße, was in unserm Boot ist und daß wir pro Tag 35 Mark bezahlen müssen.
Anzahlung will er keine, meinen Paß auch nicht, er glaubt schon, daß wir wiederkommen.
Dann fahren wir.
Das Schiff ist keineswegs das, was wir uns erträumten: Viel zu langsam, furchtbar laut, so seeuntüchtig wie nur möglich. Größere Adriabefahrungen sind damit schwerlich zu unternehmen. Aber wozu ist die Etsch da? Wozu der Po? Und die Insel Albarella, wo die Millionäre wohnen und die man umrunden kann?
Einmal sitzen wir auf einem Felsen auf. Hier bewährt sich das Leicht- und Kleinformat des Bootes. Ich steige aus, rüttle, schüttle, schiebe, stoße, und schon geht es wieder.
Einmal kommt, just als wir, wenn auch ziemlich küstennah, auf der Adria unterwegs sind, stürmisches Regenwetter auf. Der Regen fällt ins Boot, der Motor beißt sich nur mit Mühe durch die Wellen, das Schiff wackelt erbärmlich, zu allem Überfluß rinnt Dieselöl aus einer Dichtung am Motor, meine Frau behauptet, gleich würden wir umfallen. Aber nichts passiert, und insgesamt ist die italienische Bootsfahrt ganz lustig.
Trotzdem werden wir unser nächstes Charterboot lieber rechtzeitig bestellen.

Magna Charter

Wie also chartert man sein Ferienboot? Es gibt zahlreiche Tausende von Charterbooten, fast überall, wo Wasser ist, die dem Publikum angeboten werden von drauf spezialisierten Agenturen, Reiseunternehmen, Seefahrtschulen und auch von Privatbesitzern, die ihr Schiff endlich amortisieren wollen. Adressen findet man in den Samstag-sonntagausgaben der Tagespresse, in Bootszeitschriften und bei Wassersportvereinen. Einige von ihnen schreibt oder ruft man an und bittet sie um Angebote, und zwar so früh wie möglich: bereits im November oder Dezember für den kommenden Sommer.

Daß man besser zur Vor- und Nachsaison verreist – da sind die Boote billiger, da ist die Auswahl größer –, versteht sich fast von selbst, aber was nützt diese Binsenweisheit den schulpflichtigen Familienvater?

In München wohnen und per Post ein Boot in Griechen-, Eng-, Finn- oder Holland chartern, ist immer ein Risiko, genauso wie die Anmietung eines strandnah gelegenen, komfortablen Ferienbungalows auf diesem Wege oder die Bestellung einer deutschen Dogge beim Versandhaus.

Die beste Chartermethode wäre:
Erst mit der Firma korrespondieren,
dann hinfahren und das Schiff besichtigen,
eine Probefahrt unternehmen
und dann mieten.

Aber wer wird das tun? – Praktikabler ist die zweitbeste Methode: Man läßt sich Leute nennen, die eine Charterfahrt mit dem erwählten Boot schon hinter sich gebracht haben, und fragt sie aus.

Die dritte: Man erkundigt sich bei Yachtclubs und dergleichen nach dem Ruf der Firma und besichtigt das Schiff wenigstens auf dem Papier und braucht dazu: ein Foto, die ausführliche Beschreibung mit Maßangaben, einen Grundriß, ein Ausrüstungs- und Inventarverzeichnis (damit man weiß, was selber mitzubringen wäre), die Mietbedingungen und den genauen Preis.

Was diesen Preis betrifft: Es gibt sparsame Schiffe für zirka 200 Mark pro Woche und auch solche, die bereits am Tage doppelt soviel kosten. Der Preis einschließlich Zahlungsweise (meist: ein Drittel Anzahlung, Rest bei Übernahme) muß exakt vereinbart sein, und man muß es schriftlich haben, was er enthält, was nicht, und was an Sonderposten (Kaution 800 Mark, nach Rückgabe des Schiffes wieder ausbezahlt, 40 bis 100 DM Reinigungsgebühr etc.) anfällt.

Wissen muß man weiterhin: Ist das Boot versichert? Wogegen? Und mit welcher Selbstbeteiligung? (Eventuell läßt sich das Restrisiko durch eine zusätzliche Versicherung abdecken.) – Wo darf ich fahren? Und wann (nur tagsüber)? Und auch: wo darf ich übernachten (nur in offiziellen Häfen)? – Ist ein Führerschein erforderlich? Wenn ja, probieren Sie's nicht ohne, im Vertrauen darauf, daß der Vercharterer vielleicht nicht lesen kann; das könnte den Versicherungsschutz kosten.

Stets vorzuziehen sind Vercharterfirmen, die in Deutschland wohnen; ihr Gerichtsstand ist auch ein deutscher, und da streitet sich's bequemer als vor dem griechischen Areopag.

Bei der Wahl des Bootes wäre noch daran zu denken, daß Bootsbauer und -vermieter (ähnlich wie Wohnwagenmacher) bezüglich der Zahl der Personen, die in ihr Fahrzeug passen, gern etwas höherstapeln als es der Zumutbarkeit entspricht: Ein Sechsmeterboot taugt im Höchstfall für vier Personen, für sechs sollte das Schiff nicht kürzer als 10 Meter sein.

Eines Tages ist es dann soweit. Nehmen wir einfachheitshalber an, das Boot sei wirklich da und der Herr von der Firma auch; dann findet die Übernahme statt.

Sie besteht nicht nur darin, daß einem gezeigt wird, wo man drehen, ziehen oder drücken muß, und daß ein kurzer Probeausflug unternommen wird (fragen Sie dabei so naiv wie Sie nur wollen: 90 Prozent aller Bootscharterer sind blanke Anfänger), sie dient auch der gründlichen Prüfung des Schiffs und seines Zubehörs:

Sind die im Inventar vermerkten Fender, Leinen, Anker, Flaggen, Bootshaken, Schrubber, Karten, Kissen, Bettbezüge, Geschirr, Besteck, Schwimmwesten da? Und die Schlüssel für die Türen? Die nötigen Papiere, die Bedienungsanleitung und die Signaltafeln? Hat das Boot schon Beulen oder Schrammen? Läuft irgendwo Wasser herein? Ist es sauber? Funktioniert der Kocher? Brennen die Lichter? – Halten Sie alle Mängel schriftlich fest und lassen Sie den Firmenvertreter gegenzeichnen, sonst bezahlen Sie hinterher, was fehlt oder beschädigt ist.

Und erkundigen Sie sich: Wo kommt das Benzin hinein und wieviel Öl dazu? Oder Diesel? Und wie schnell fährt das Boot? Wieviel verbraucht es? Und, ganz wichtig, was hat zu geschehen, wenn etwas kaputtgeht? Und . . . und?

Ein weit Revier

Die wichtigste der Charterfragen haben wir noch ausgelassen: Wo sollen Sie fahren? Oder besser: Wo können Sie? Es ist keineswegs so, daß jeder, der erfolgreich sein Auto nach Dubrovnik steuern kann, auch mit dem Boot dort ankommt. Motorbootfahrt an sich, Gasgeben, Geradeaus-, Umdiekurvefahren, ist keine Kunst; leider aber kommt noch einiges hinzu. Gewisse Mindestkenntnisse sind beinah überall vonnöten, hier mehr, dort weniger.
Aber irgendwo muß der Mensch ja schließlich anfangen.

Für Anfänger,
die immerhin autofahren können, empfehlen sich:

- die Norfolk Broads in England (Flüsse, Seen, keine Schleusen, kein Berufsverkehr, geringe Strömung – siehe Seite 31 ff.),
- der Oberlauf der Themse (ähnlich den Norfolk Broads, jedoch mit Selbstbedienungsschleusen),
- die Midland-Kanäle in Mittelengland (problemlos, aber mit Schleusen und Brücken, die man selbst bedienen muß),
- und das Lough Erne-Gebiet in Irland (eine einsame, inselreiche Seenplatte nördlich des Shannon).

Hier sind die Mietbootfahrer unter sich, kein Berufsverkehr stört sie, kein stürmisch rauhes Wetter bringt sie aus der Fassung, keine Gezeiten, keine Ströme sind ihnen gefährlich, die Navigation macht keine Schwierigkeiten.

Für Leute mit Grundkenntnissen,
wie sie etwa nach einer 14-Tage-Themsefahrt vorhanden sind. „Grundkenntnisse" heißt: Man soll sein Boot soweit in der Gewalt haben, daß man sinnvoll ausweichen, an- und ablegen kann, daß man weder in den Schleusen den Verkehr aufhält noch die Transportschiffahrt zu sehr belästigt. Für Grundkenner, die sich dies zutrauen, eignen sich:

- der Shannon in Mittelirland (ein einsam stilles Flußgebiet mit vielen Seen, auf denen bisweilen etwas rauhes Wetter herrscht),
- der Caledonian Canal, quer durch Schottland (mit großen Seenplatten, Schleusen und Berufsverkehr),
- die französischen Kanäle (viele Schleusen),
- die friesischen Seen, Flüsse und Kanäle in Holland (mit Schleusen, viel Berufsverkehr und vollen Häfen),
- Limfjord und Svendborg Sund in Dänemark (wo gewisse Fähigkeiten in der Küstennavigation vonnöten sind),
- die finnische Saimaa-Seenplatte (menschenleer und riesig und gut dazu geeignet, daß man sich fürchterlich verfährt).

Für Seefahrer mit einiger Fahrpraxis
oder wenigstens dem Sportbootführerschein kommen eventuell das niederländische Ijsselmeer, die deutsche Ostseeküste samt dem Nord-Ostseekanal und, solang sie in Küstennähe bleiben, das Mittelmeer in Frage, das ganz besonders schön ist im Inselgebiet Dalmatiens.
Für Fahrten übers offne Meer wird man ohne den Nachweis hinlänglicher

Üble Nachrede

Fähigkeiten auch von robusten Charterfirmen kaum ein Schiff geliehen kriegen. Es sei denn, man engagiert auch gleich den Kapitän dazu. Das ist dann zwar ziemlich teuer, aber es enthebt einen der Verantwortung, und man sammelt dabei die Erfahrung, die man braucht, um eines Tags so eine Reise selbst zu wagen.

Man kann über die Charterbranche die schaurigsten Geschichten hören, von geldgierigen, betrügerischen Firmen, üblen Verträgen, schlampigen Schiffen und vom bitteren Leid des Charterfreizeitkapitäns.

Von Charterunternehmern, die ihr Schiff – eins und dasselbe – heimtückisch für die Zeit vom 16. bis 30. August an mehrere Mannschaften zugleich vermietet haben, von allen die Vorauszahlung kassierten, und als die Leute vorfreudig und urlaubsfroh am Adriastrand erschienen, bedauernd mit den Schultern zuckten und erklärten: „Ich nix wissen, wo ist Schiff. Sollen zurückkommen gestern, aber ist nix da."

Im besten Fall boten sie mit den Worten: „Du andere Schiff bekommen", ein mieses, vergammeltes Ersatzfahrzeug an. Im schlechtesten gar nichts, und das vorausbezahlte Geld blieben sie schuldig. Ein Prozeß folgte und diesem die Erkenntnis, daß die Firma bankrott ist (aber die Ehefrau des Inhabers nunmehr ein neues Bootsgeschäft eröffnet hat).

Auch von jenen Boostvermietern wird erzählt, die zwar das Schiff „Euphorbia" pünktlich zur Verfügung stellten – wenn's auch unappetitlich dreckig war und nach dem Schweiß, den Tränen und der Seekrankheit früherer Chartergenerationen stank –, den vereinbarten Tausend-Mark-Kautionscheck entgegennahmen, ihn, kaum daß die Crew gestartet war, einlösten und hinterher, nach ihm gefragt, antworteten, der Chef sei grad nicht da, aber der Scheck würde übermorgen zurückgeschickt; was er selbstredend nie wurde.

Das sind die echten Kriminellen. Sie

sind – wie auch unter den Altautohändlern und den Wohnungsmaklern – glücklicherweise durchaus in der Minderzahl.
Der Charterkunde Heinrich B. berichtet von seinem Benzintank, der laut Vertrag bei Übergabe vollgefüllt zu sein hatte, sich aber bald als dreiviertelleer erwies.
Herr G. von Männern der Vercharterei, die – nachdem die Korrespondenz auf gutdeutsch geführt worden war – vor Ort nur fließend griechisch konnten; was mehrere Mißverständnisse und die Unmöglichkeit zur Folge hatte, das Fehlen eines zweiten Ankers zu reklamieren, der ihm hinterher als verlustig auf die Rechnung gesetzt wurde.
Von Schiffen hört man, deren Zustand erbärmlich ist und jeglicher Beschreibung spottet, die undicht sind, deren Motor es kaum mehr tut, deren Elektrik kurz nach dem Start verendet, und von geplagten Mietern, die dann, zwei Urlaubstage hinopfernd, das wichtigste irgendwo reparieren ließen und noch heute vergebens warten, daß sie das ausgelegte Geld endlich zurückbezahlt bekommen.
Daß ein Vercharterer vor allem recht viel Geld verdienen möchte, wird ihm niemand verargen; als störend aber wird man es empfinden, wenn er dieses Ziel allzu exzessiv verfolgt.
Wenn der Vormieter heute mittag um zwölf zurückkommt und ich um zwei Uhr das Boot besteige, bestünde selbst bei gutem Willen kaum Gelegenheit, das Schiff, ehe es mir übergeben wird, noch ordentlich zu prüfen und gar herzurichten. Dafür wird der Anfangs- und Endsamstag, wie im Krankenhaus, jeder Crew als voller Tag berechnet. (Seriöse Vercharterer rechnen den ersten und den letzten Tag als je einen halben und legen zwischen Bootsablieferung und Neuvermietung 24 Stunden Pause ein.)

Herr Friedrich L. übernahm sein Boot in durchaus passablem Zustand. Dann passierte es ihm, daß er in einer Hafenausfahrt mit einem anderen zusammenstieß. Sein Boot und auch das andere verbogen sich nachhaltig und wiesen häßliche Beulen und Beschädigungen auf. Gottseidank war Herrn Friedrichs Schiff haftpflicht- und auch kaskoversichert; letzteres mit 700 DM Selbstbeteiligung. Herr Friedrich war sehr vergrämt, als er erfuhr, daß er nebst diesen 700 Mark noch vierzehn Tage Miete extra zahlen mußte, für Nutzungsausfall, weil die Firma das Boot zwei Reparaturwochen lang nicht verchartern konnte. Im Vertrag war nichts von diesem Risiko gestanden; es verstünde sich von selber, sagte der Vercharterer, weil die Kaskoversicherung Folgeschäden dieser Art nicht trägt. Das stimmt zwar, der wirklich vorbildliche Bootsvermieter aber hat eine Charter-Ausfall-Versicherung abgeschlossen und wendet so die drohende Gefahr von seiner Kundschaft ab.

Mehr Schein

Die „Verordnung über die Eignung und Befähigung zum Führen von Sportbooten auf deutschen Seeschiffahrtstraßen" bestimmt, daß jeder, der auf diesen Straßen mit mehr als 5 PS motorbootfahren will, den Sportbootführerschein benötigt. Das gilt auch für hilfsmotorisierte Segelschiffe.
Dieser Führerschein ist amtlich und hochoffiziell und wird im Auftrag des Bundesverkehrsministers unterschrieben. Das führt dazu, daß wenn zum Beispiel oberbayerische Motorbootfahrer ihre Prüfung ablegen wollen, ein ganzes Rudel blazergeschmückter Herren aus Bremen, vom dortigen Schiffahrtsamt, nach Tutzing reisen, um die Fragebogen auszuteilen und die Antworten zu korrigieren; in ihre Reisespesen teilen sich die Kandidaten.
Aus einem 362-Fragen-Katalog werden 33 Fragen ausgewählt, die der Kandidat schriftlich beantworten muß. Für jede Antwort gibt es, je nach Schwierigkeit der Frage und Vollständigkeit der Antwort, 1 Punkt oder 2 oder 3. Wer 55 Punkte hat, hat das Examen bestanden, 44 bis 54 führen zur mündlichen Prüfung, mit unter 44 ist man durchgefallen und wird gebeten, frühestens in einem Monat, besser vorbereitet, wieder zu erscheinen. 15 Prozent der Prüflinge pflegen im Bundesdurchschnitt zu scheitern.
Voraussetzung für die Zulassung zur Prüfung sind ein Mindestalter von 16 Jahren und ausreichende Hör-, Seh- und Farbunterscheidungsfähigkeit (die von einem beliebigen Arzt attestiert werden müssen).
Wie sinnvoll die Führerscheinvorschrift ist, darüber sind die Meinungen geteilt. Sie hat einesteils den durchaus segensreichen Effekt, daß so die Bootsfahrer gezwungen werden, sich ein bißchen mit den Vorschriften und seemännischen Dingen zu beschäftigen, und andererseits die üble Folge, das lernfaule Menschen, die ihr Kleinboot sonst ganz gern mit 10 oder 15 PS betrieben, auf führerscheinfreie 5 ausweichen und sich wundern, wenn sie bei ablandigen Winden die Küste nicht mehr erreichen.
Der Führerschein bedeutet nicht, daß der, der ihn besitzt, deswegen auch schon was von der Motorbootfahrt versteht. Er sagt nur: Dieser Mann – respektive die Dame – wurde einer Prüfung unterzogen und hat in dem Moment, als ihm der Fragebogen vorlag, größtenteils richtige Antworten daraufgeschrieben.
Er trügt, der Schein. Er bringt nicht viel mehr als Autofahrerpannen- oder Erstehilfekurse, nach deren Besuch ja auch vorwiegend die Erinnerung: „Da war doch was mit dem Vergaser", oder „Irgendwie zieht man die Leute von hintenher aus ihren Autos" – bleibt.
Immerhin aber ist die Prüfungsvorbereitung – und das soll man nicht unterschätzen – ein Training für das lernentwöhnte Hirn, das, indem es sich einprägt: jede Minute drei einzelne Glockenschläge, dann fünf Sekunden langes rasches Glockenläuten, wieder drei Einzelschläge, schließlich fünf Sekunden rasche Schläge mit dem Gong und das zu allem Überfluß bei schlechter Sicht – bedeutet: „Ein Fahrzeug auf Grund über 100 Meter Länge." (Prüfungsfrage 74), auf das frischeste durchblutet wird.

Die Verordnung läßt auch wissen, unter welchen Umständen der Führerschein wieder entzogen wird.
Er wird es,

- wenn der Inhaber körperlich oder geistig oder aufgrund seines Verhaltens im Verkehr zum Führen eines Sportbootes nicht mehr geeignet ist;
- wenn er den Schein durch wissentlich falsche Angaben erschlichen oder durch arglistige Täuschung, Drohung oder Bestechung erwirkt hat.

Er kann entzogen werden,

- wenn der Kapitän wegen Gefährdung des Schiffsverkehrs rechtskräftig bestraft worden ist;
- und wenn er „wiederholt mit Geldbuße geahndete Zuwiderhandlungen gegen Schiffahrtspolizeivorschriften begangen hat".

Bloßes Nichtmehrwissen führt nicht zum Führerscheinentzug, es beweist nicht schlüssig geistige Nichteignung. So kann ich furchtlos bekennen:
Ich wüßte zwar noch immer auf die Frage 288: „In welcher Maßeinheit wird der Luftdruck angegeben?" – richtige Auskunft zu geben: „In Millibar oder in Millimeter der Quecksilbersäule", und auch die Frage 264: „Wie lange sind Gezeitentafeln gültig?" – könnte ich korrekt beantworten: „Nur bis zum Ende des angegebenen Kalenderjahres."
Dagegen müßte ich auf die Frage 56: „Welchen Signalkörper muß ein Fahrzeug unter Segel, das gleichzeitig mit Maschinenkraft fährt, führen?" – oder auf Nummer 2: „Wo gilt die Seeschiffahrtstraßen-Ordnung?" – bescheiden sagen: „Ich will schnell einmal nachschlagen."
Zur Frage 56 steht darin: „Einen schwarzen Kegel mit der Spitze nach unten auf dem Vorschiff." Und auf die Frage 2 lautet die Antwort:
„Auf den Seeschiffahrtstraßen der Bundesrepublik Deutschland. Dies sind die Wasserflächen zwischen der Küstenlinie bei mittlerem Hochwasser oder der seewärtigen Begrenzung der Binnenwasserstraßen und der seewärtigen Begrenzung (3 Meilen) des Küstenmeers. Außerdem gilt die Seeschiffahrtstraßen-Ordnung auf einigen Teilen der angrenzenden Binnenwasserstraßen, als da sind:

- die Ems bis zur Hafeneinfahrt nach Papenburg;
- die Leda bis zur Seeschleuse Leer;
- die Weser bis zur Eisenbahnbrücke in Bremen;
- die Lesum bis zum Sperrwerk;
- die Elbe bis zur Hamburger Hafengrenze;
- die Oste bis Bremervörde;
- der Freiburger Hafenpriel;
- die Schwinge bis Stade;
- die Lühe bis Horneburg;
- die Ente bis Buxtehude;
- die Stör bis Rensing;
- die Krückau bis Elmshorn;
- die Pinnau bis zur Eisenbahnbrücke in Pinneberg;
- die Eider bis zum Gieselaukanal;
- einschließlich dem Nord-Ostsee-Kanal mit den unmittelbar anhängenden Gewässern;
- die Trave bis zur Holstenbrücke in Lübeck."

Hier, auf diesen Gewässern, ist also der Sportbootführerschein erforderlich.
Die Art, wie man sich das Prüfungswis-

Seemannschaft

sen aneignet, ist nicht vorgeschrieben. Man kann sich aus Büchern vorbereiten und die Antworten auswendiglernen, kann eine Sportschifferschule (10 Abende 250 Mark) besuchen oder einem Vereinskurs beiwohnen, sich einem Fernstudium unterziehen oder auch an einer Acht- bis Vierzehntagekreuzfahrt mit Ausbildung und Vollpension für 1500 bis 1700 Mark teilnehmen. Dann meldet man sich beim DMYV (siehe Seite 41) zur Prüfung an, zahlt 70, 80, 90 Mark und läßt sich examinieren.

Zum Prüfungsstoff gehören: Gesetzeskunde einschließlich Lichterführung und Schallsignale, Fahrwasserbetonnung und -befeuerung, dazu Nautik, Manövrieren, Wetterkunde, Sicherheit und Notsignale und eine verhältnismäßig simple Kartenaufgabe.

Und halt Fahrpraxis, denkt der Laie. Ja, doch, gewiß. Wir mußten ab- und anlegen, jeweils ohne den Steg umzuwerfen, in eine vom Prüfer gewiesene Richtung fahren, auch ein Stück rückwärts, einen Rettungsring in Mannüberbordmanier (Seite 50 ff.) aus dem Wasser fischen und einige Knoten knüpfen. Seither dürfen wir die größten Yachten, sofern wir keine Mannschaft befehligen und auch kein Gewerbe daraus machen, auf den Seeschiffahrtstraßen führen.

Wozu noch zu bemerken ist: „Führen" und „Steuern" sind zweierlei. Den Schein benötigt man zum Führen als verantwortlicher Skipper. Wer, solang ich an Bord bin, am Lenkrad dreht und Gas- und Ganghebel bedient, spielt keine Rolle; darin unterscheiden sich die Vorschriften zu Wasser und zu Land grundsätzlich.

„Würden Sie einem Kunden", fragte ich den Besitzer eines Mittelmeer-Charterbüros, „der zu Ihnen kommt, um ein Motorboot zu mieten, und auf die Frage nach seinen nautischen Erfahrungen antwortet: ‚Ich habe den Sportbootführerschein' –, würden Sie diesem Mann eins Ihrer Schiffe anvertrauen?"

Der dachte nicht lang nach und sagte: „Nein."

Bei weitem lieber wäre ihm ein Mensch, der den BR-Schein (für Küsten-Segelfahrt) besäße.

„Wahrscheinlich weiß der Sportbootführerscheinbesitzer mehr in der Gesetzeskunde als der mit dem BR-Schein. Aber das nützt ihm im Mittelmeer nicht viel. Da reicht es völlig, wenn er die Ausweichregeln beherrscht, sein Handbuch liest und sich an die Zollbestimmungen und die Hafenordnung hält. Was dem Mann mit dem Sportbootschein fehlt, das ist die Seemannschaft."

Seemannschaft? Der festländische Laie stellt sich darunter zwei Leichtmatrosen, einen Schiffsjungen und den Steuermann vor, und den dicken Koch. Natürlich irrt er da.

Unter „Seemannschaft" versteht man die Gesamtheit aller maritimen Tugenden. Seemannschaft ist (Zitat aus: Curt W. Eichler: „Vom Bug zum Heck") „die Summe von Tätigkeiten und Kenntnissen, die für den Dienst als Seemann erforderlich sind. Seemannschaft kann unseres Erachtens nur zum Teil erlernt werden, da es sich bei vielen Dingen um Instinktfragen handelt. Deshalb muß der Mensch, der sich der Sache widmen will, eine gewisse Veranlagung zu ihr

Fließendes Wasser

mitbringen, wenn er wirklich Erfolge haben will".

Ja, und an dieser Seemannschaft gebricht es dem, der seinen Sportbootführerschein auf dem Ammersee erworben hat. Er hat zwar viel Theorie gelernt, praktisch aber nicht das geringste (während zum BR-Schein der Nachweis etlicher hundert gefahrener Seemeilen gehört). Vom Nichtführerscheinbesitzer unterscheidet er sich nicht dadurch, daß er fahren kann, sondern daß er es darf. Was aber soll er tun, um diesen Mangel auszugleichen? „Er sollte", sinniert der Charterchef, „wenigstens einen Tag lang in Begleitung eines versierten Skippers fahren, Ankermanöver, Anlegemanöver lernen, Küstennavigation, und dann spätabends zurückkehren, damit er auch lernt, wie man bei Dunkelheit in seinen Hafen findet."

Diese wenigstens minimale Seemannschaft würde fürs erste genügen.

Auch der Besitzer einer eigenen Yacht täte nicht schlecht, wenn er sich einer solchen Kurzeinführung unterzöge.

Die deutschen Bundes-Binnenwasserstraßen Donau, Rhein, Main, Mosel usw. darf jedermann befahren, dessen Schiff nicht mehr als 15 Tonnen wiegt. Da und dort besteht – siehe Seite 42 – die Pflicht, ein amtliches Kennzeichen zu führen. Außerdem braucht man seit dem 1. April 1979 ab 5 PS (3,68 kW) den Binnenführerschein, und zwar gleichgültig, ob man ein Motorboot fährt oder ein Segelschiff mit Hilfsmotor.

Den „Motorbootführerschein A Binnen" gibt es sowohl beim Deutschen Motoryachtverband als auch beim Deutschen Segler-Verband, für Mit- und Nichtmitglieder. Der Sportbootführerschein „Küste" gilt, sofern er vor dem 1. 4. 78 ausgestellt wurde, auch für binnen; aber auch wer ihn später erworben hat, bleibt nicht ganz unbelohnt: er wird einer erleichterten A-Prüfung unterzogen.

Was Binnenschiffahrtstraßen (so blödsinnig es klingt: das „s", „Schiffahrts-Straßen", fehlt in der amtlichen Bezeichnung) und Seeschiffahrtstraßen (gleichfalls ohne Fugen-s) sind, wo also die Binnenschiffahrtstraßen-Ordnung und wo die Seeschiffahrtstraßen-Ordnung samt Sportbootführerscheinverordnung gilt, ist der Seite 28 zu entnehmen.

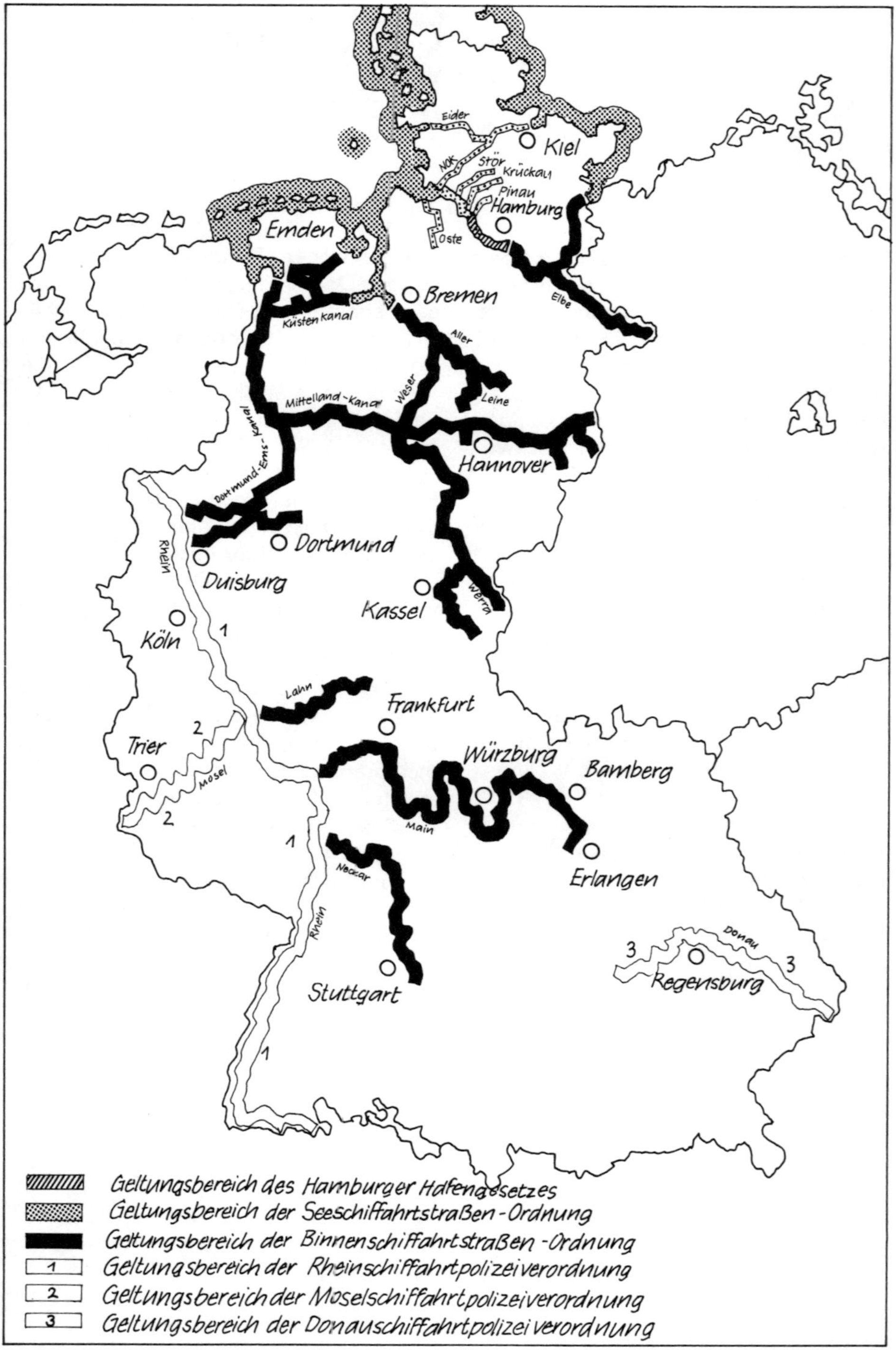

Eider
Kiel
NOK
Stör
Krückau
Pinau
Hamburg
Oste
Emden
Bremen
Elbe
Küstenkanal
Aller
Leine
Weser
Mittelland-Kanal
Dortmund-Ems-Kanal
Hannover
Dortmund
Duisburg
Rhein
Kassel
Werra
Köln
1
Lahn
Frankfurt
Trier
2
Mosel
Würzburg
Bamberg
Main
Erlangen
Neckar
Stuttgart
Donau
3
Regensburg
Geltungsbereich des Hamburger Hafengesetzes
Geltungsbereich der Seeschiffahrtstraßen-Ordnung
Geltungsbereich der Binnenschiffahrtstraßen-Ordnung
1 Geltungsbereich der Rheinschiffahrtpolizeiverordnung
2 Geltungsbereich der Moselschiffahrtpolizeiverordnung
3 Geltungsbereich der Donauschiffahrtpolizeiverordnung

Anders als die anderen: Der Bodensee

Während Segelschiffe beim Volk als fotogen und malerisch und liebenswürdig wie die Schmetterlinge gelten, Kanuten als tüchtige Sportler, Mietbootruderer als zwar ungeschickte Amateure, aber harmlos, steht das Motorboot in der öffentlichen Gunst an tiefunterer Stelle: Es verschmutzt das Wasser (möglicherweise nicht viel schlimmer als die sonnennußgeölten Badegäste, immerhin aber zusätzlich), es macht Lärm (zwar nicht viel lauteren als ein Auto, aber auch das klingt nicht nett), es fährt schnell und ist daher gefährlich. Man sollte es verbieten.

Man hat's verboten. Auf so ziemlich allen deutschen Seen ist Motorbootfahrt entweder gänzlich untersagt oder auf Minimal-PS(kW-) oder -zulassungszahlen oder alteingesessene, beziehungsreiche, gehbehinderte oder sonstwie bewährte Lizenzinhaber beschränkt oder auf bestimmte Wochenenden oder Ausnahmegenehmigungen.

Auf dem Starnberger See sind etwa 280 Motorboote landratsamtlich zugelassen. Wer die Zulassung besitzt, hat sie nicht ewig. Sie gilt fünf Jahre, dann wird sie nicht verlängert, dann kriegt sie ein anderer von den 600, die auf der Warteliste stehen – wobei es weder auf Seeanliegerschaft oder Gebürtigkeit im Landkreis noch selbst auf freistaatbayerische Staatsangehörigkeit ankommt, sondern nur auf den Listenplatz. Der letzte von den 600 kann damit rechnen, daß er – ein paar Todesfälle unter Lizenzinhabern und -aspiranten miteinkalkuliert – etwa um 1990/91 an die Reihe kommt.

Ein Sonderfall ist der Bodensee. Da darf man unbeschränkter; allerdings nur unter Spezialbedingungen:

Motorboote müssen vom zuständigen Landratsamt – zu Preisen zwischen 50 und ein paar hundert Mark – registriert, auf Betriebssicherheit geprüft und zugelassen sein.

Und ein amtliches Bodenseekennzeichen führen.

Zweitaktmotoren dürfen nur verwendet werden, wenn der Kraftstoff nicht mehr als 2 Prozent Öl enthält (Mischungsverhältnis 1 : 50), und ab 1981 dürfen solche Motoren überdies nicht mehr stärker sein als 10 PS.

Wer einen Motor hat mit mehr als 6 PS (4,41 kW), der braucht ein Bodenseeschifferpatent (desgleichen wer mit über 12 Quadratmeter Segelfläche segelt). Eine Extraregelung gilt für Sportbootführerscheinbesitzer: sie können, ohne zusätzliche Prüfung, ein befristetes Bodenseepatent bekommen, für höchstens einen Monat pro Jahr.

Jenseits der Grenzen

Nun ist der Schiffer ja zum Glück auf sein Vaterland nicht angewiesen; seine Heimat ist die See, singt schon das Lied, und Ozeane, Seen, Flüsse und Kanäle gibt's auch anderswo, in vielen Gegenden sogar wärmere.
Die Vorschriften der einzelnen Länder, weit entfernt von Europaeinigkeit, reichen von unbeschwerter Nonchalance bis zu penetranter Sonderlichkeit.

Belgien
verlangt keinerlei Befähigungsnachweis des Bootsführers.

Bulgarien
ebensowenig.

Dänemark
kennt Führerscheinpflicht erst für die Kapitäne großer Schiffe über 20 Bruttoregistertonnen.

Finnland
hat keine diesbezüglichen Vorschriften.

Frankreich
erweist sich als äußerst gästefreundlich; während die eigenen Staatsbürger Führerscheine haben müssen, wird solches von Ausländern nicht verlangt. Die „Alliance Internationale de Tourisme“ meint jedoch, es sei immerhin ratsam, eine Fahrerlaubnis zu besitzen.

Griechenland
Für Griechenland wird der Führerschein nur empfohlen; notwendig ist er nicht.

Großbritannien
Kein Führerschein.

Irland
Auch keiner.

Italien
Hier ist bei Motorbooten über 20 PS (14,71 kW) ein Führerschein vonnöten, sowohl am Meer als auch auf Binnenseen. Der deutsche Sportbootführerschein gilt.

Jugoslawien
Wer keinen Sportbootführerschein dabei hat, wird einer Spezialprüfung unterzogen. Die besteht zwar häufig bloß aus der Bezahlung der Gebühr, ist aber dennoch nicht sehr empfehlenswert: in anderen Ländern gilt sie überhaupt nicht und selbst in Jugoslawien nur für ein paar Wochen Urlaubsaufenthalt.

Luxemburg
Kein Führerschein.

Niederlande
Kein Führerschein, allerdings kann die Scheinpflicht eines Tages hereinbrechen, geplant ist sie bereits des längeren.

Norwegen
Kein Führerschein.

Österreich
Für Motorboote über 5 PS (3,68 kW) braucht man das österreichische Schiffsführerpatent, ab 60 PS (44,13 kW) noch zusätzlich ein Motorenwärterzeugnis. Der deutsche Sportbootführerschein gilt nicht.

Polen
Führerscheinpflicht für Motorboote über

Ay, Ay, Sir

5 PS (3,68 kW); der deutsche Schein wird anerkannt.

Portugal
Führerschein nicht vorgeschrieben, nur empfehlenswert.

Rumänien
Nichts dergleichen.

Spanien
Über 9,5 PS (7 kW) ist ein Führerschein nötig, der deutsche gilt.

Schweden
Kein Führerscheinzwang.

Schweiz
Führerschein ab 6 PS (4,41 kW), der deutsche gilt.

Tschechoslowakei
Keine diesbezügliche Vorschrift.

Türkei
Türkeibesuchern wird die Mitnahme eines Führerscheins empfohlen. Ausgesprochen vorgeschrieben ist sie nicht.

Ungarn
Für Motorboote über 250 ccm besteht Führerscheinpflicht.

Das sich die Paragraphen ändern können, ist es nützlich, sich vor der Reise zu erkundigen, z. B. bei der Motorbootabteilung des ADAC. Und da nach einem Unfall sowohl von der Polizei als auch von der Versicherung gefragt wird: War der Mensch überhaupt imstande und fähig, so ein Boot zu führen? –, kann sich ein Führerschein auch dort, wo er nicht sein muß, lohnen.

Eine der empfehlenswertesten und vorzüglichsten Möglichkeiten, Seefahrt ganz unverbindlich, führerschein- und gefahrlos zu probieren, bietet sich in England, im Gebiet der Norfolk Broads. Die Norfolk Broads, ein ausgeklügeltes, schiffbares Flüsse-, Seen- und Kanalsystem, befinden sich in der Grafschaft Norfolk, gut 100 Kilometer nordöstlich von London. Ein paartausend Mietyachten warten hier auf Charterkunden, man läßt sich einen Katalog der Boote kommen (zum Beispiel von H. C. Arns, Hindenburgstraße 12a, 5630 Remscheid), sucht sich ein passendes Zwei-, Vier-, Fünf- oder Zehnmannschiff heraus, bestellt es – möglichst früh im Jahr –, und eines Samstages beginnt das Abenteuer.
Die Gefühle eines Vaters, der, mit der unmündigen Familie an Bord, beginnt, zum erstenmal in seinem Leben ein 8 Meter 23 langes Schiff zu steuern, sind ungefähr mit denen zu vergleichen, die einen VW-Käfer-Fahrer befielen, wenn er gebeten würde, nachmittags um fünf Uhr einen Omnibus durch München oder Köln zu lenken. Bloß mit dem Unterschied, daß Busse gradaus fahren, und sich, wenn man am Lenkrad dreht, tatsächlich dorthin bewegen, wo man will.
Boote nicht. Sanfte Steuerradausschläge wirken erst nach mehreren Metern Fahrt, und überdies neigt so ein Schiff zu tänzerischer, respektive schlangenlinienförmiger Fahrt. Nicht nur das unsere (wir dachten erst, das sei ein Fehler in der Konstruktion), fast alles, was Samstagnachmittag von Norwich ostwärts fährt, schlängelt sich so.

Dies wäre im Grund nicht schlimm, hätte man ein Meer zu überqueren oder wenigstens den Bodensee. Aber man fährt auf einem Fluß, dem River Yare, der vielleicht zwanzig oder fünfundzwanzig Meter breit ist, an dessen Rändern festgemachte Boote liegen und auf dem von vorn und hinten andere Boote kommen, die man nicht anrempeln soll.

Auch ist es so, daß ein Boot, nachdem man es durch Schalten in den Rückwärtsgang zum Halten brachte, deshalb durchaus nicht unverrückbar fest an seinem Platz bleibt. Wellen treiben es uferwärts, die Strömung zieht's nach vorn, und die Familie schreit und jammert:

„Halt, obacht, vorsicht, bleib doch stehen, sonst stoßen wir zusammen!"

„Seids still", antwortet der Kapitän, „paßts lieber auf!"

Dann eilt die Familie nach Back- oder nach Steuerbord, streckt ihre Füße, Köpfe, Hände und den Deckmop über Bord, um die feindlichen Schiffe abzuwehren.

Unser Schiff ist, wie gesagt, 8 Meter 23 lang, 2,89 breit, aus Kunststoff, unten milchweiß, oben türkisbläulich, hat zwei Kabinen, eine mit Waschlavoir und zwei füßlings spitz zulaufenden Einzelbetten, die andere mit Kochecke, drei Betten, ein paar Schränken, einer Gasflasche, ein WC und einen 250-Liter-Wassertank, und ist mit allem ausgestattet, was man braucht: mit Töpfen, Tellern, Tassen, Messern, Gabeln, Leintüchern und Decken. Zwischen den zwei Kabinen ist, kabrioverdeckt, das Cockpit, da steht – oder sitzt auf einem hohen Stuhl – der Kapitän.

Zehn Minuten lang steht auch ein junger Mann dabei, von der Bootswerft, der uns sagt, wie wir das Schiff behandeln müssen. Hier bitteschön auf H drehen zum Vorglühen der Kerzen, so springt der Motor an, so fährt man vorwärts, so nach hinten, Lenkrad linksrum, Lenkrad rechtsrum, hier ist das Klo, so spült man, hier die Wasserpumpe, wenn das Schiff eine Zeitlang unterwegs ist, kommt auch warmes Wasser raus. Jeden Tag die Bilgepumpe bedienen, täglich die Schmierschraube drehen, Wasser nicht in den Dieseltank hinein und möglichst auch kein Dieselöl ins Wasser. Dann fährt er hundertfünfzig Meter weit mit uns, dann steigt er aus und wünscht uns eine angenehme Reise. Wir hören ihm sachverständig zu, wie eine Mannschaft, die alles wohlbegreift, auch wenn man ihr's in Cockney-Englisch sagt. Manchmal frage ich: „Wie bitte?", einmal meine Frau: „Wo ist hier eigentlich die Bremse?", sonst sind wir von Fachleuten kaum zu unterscheiden.

Aber die Firma weiß, was sie für Kunden vor sich hat. Und es macht ihr gar nichts aus, daß wir – wie auch die meisten andern Norfolkfahrer – noch nie ein großes Boot gesteuert haben. Weder ein Führerschein noch ein Patent für große Fahrt sind nötig, man braucht nicht einmal zu lügen: „Wir fahren sonst immer auf dem Kleinhesseloher See."

Die Boote sind robust, langsam und außerdem versichert. Man muß nur, als Chef der Mannschaft, mindestens 18 Jahre sein.

Wir sind zu fünft, Vater, Mutter, drei Söhne, und zahlen pro Augustwoche

Bild oben: Dieses Kajütboot, Typ ÖMO 640 aus Schweden, das hier verträumt in der Eider ankert, ist 6 Meter 40 lang, 2,50 breit, 800 Kilo schwer, mit einem 70-PS-(51,5-kW)-Johnson-Motor ausgerüstet, fährt mit 2 Personen 23,5 Knoten (das sind 43,5 km/h) und kostet samt Motor runde 25 000 Mark. Schlafen können darin bequem 2 Personen, ganz gut auch 3, mit etwas Mühe 4, wenn's sein muß.

Bild unten: Daycruiser Cytra 22 Aviso, 6 Meter 55 lang, 2,45 breit, 1450 Kilo schwer (mit starken Automobilen noch trailerbar). Inklusive eines 170-PS-(125-kW)-Motors kostet das Schiff rund 40 000 Mark, fährt bei Vollgas über 50 km/h und verbraucht dann 45 Liter in der Stunde. Für 100 km Fahrt muß man mit ca. 70 Litern Super rechnen. In der Kajüte unterm Vordeck können 2 Leute schlafen.

Bild oben: Crescent 438 S, ein bescheidenes Schifflein mit Außenborder bis 9 PS (6,6 kW), 4 Meter 31 lang, ohne Motor 310 Kilo leicht. In der hinten offenen Kajüte können 2 robuste Personen schlafen. Preis: 7000 Mark, dazu kommen rund 2500 für den Motor. Knapp 10 000 kostet's also insgesamt.

Bild unten: Nicht ganz 200 000 Mark zahlt man für die schwedische Sechstonnenyacht Adler 34'RC. Sie ist 10 Meter 35 lang und mit einer Doppeldieselmotoranlage ausgerüstet, bis zweimal 175 PS (129 kW). 6 feste Schlafplätze sind vorhanden, und auch sonst fehlt es nirgends an erlesenem Komfort.

Nächste Seite Bild oben: Kunststoff-Sportboot Gobbi 450 Sport mit 20- bis 60-PS- (14,7- bis 44,1-kW)-Motor, 4 Meter 40 lang, 330 Kilo. 4 Personen passen hinein, der Preis beträgt, ohne den Motor, 6000 Mark.

Bild mitte: 5 Meter lang, 2,14 breit, 590 Kilo schwer ist das amerikanische Sportboot Aerocraft Mustang, das ohne Motor rund 12 000 DM kostet und Sitzplatz für 4 Personen bietet.

Bild unten: Auch die Starcraft 19' American kommt aus den USA. Sie wiegt 522 Kilogramm und ist 5 Meter 90 lang, verträgt einen Außenborder bis 150 PS (110 kW) oder eine Einbaumaschine bis 235 PS (173 kW). – 15 730 DM.

WS 2632 DD
STARCRAFT

Bild oben: So sieht ein Dingi aus. Das hier – Rio 300 – kommt aus Italien, besteht aus Kunststoff und hat vorn einen zugedeckten Stauraum. Es ist 3 Meter lang, 1,40 breit und wiegt 35 Kilo, kann also auf dem Autodach befördert werden. Kosten tut es gute 1000 Mark. Motorisierbar ist's mit 2 bis 6 PS (1,5 bis 4,5 kW).

Bild mitte: 8000 Mark (plus Motor) kostet „Sportsman 5", ein 5-Meter-Außenborder-Kajütboot für Binnenwasserfahrer. Platz ist für zwei Personen. Gewicht ohne Motor: 370 kg.

Wer 1 Million übrighätte, wäre freilich besser bedient mit der Hatteras 70', einer amerikanischen Superluxustraumyacht mit Eigner-, Gäste- und Mannschaftskabinen, 2 Bädern und 21 Meter Länge.

515 Mark. Im September kostete das Schiff nur 340, und im Mai wäre es noch billiger: 290. Die Preise hängen von der Bettenzahl und vom Komfort ab und reichen von 200 Mark die Woche in der Vorsaison bis 1300 für Ende Juli / Anfang August.

Unser Boot fährt 10 bis nahezu 15 Kilometer in der Stunde. Vormittags starten wir spät nach dem Morgengrauen, um 10, halb 11. Anderthalb Stunden später fängt meine Frau zu kochen an; dies ist für uns ein Grund, daß wir ein Anlegemanöver wagen und anfangs mehr,

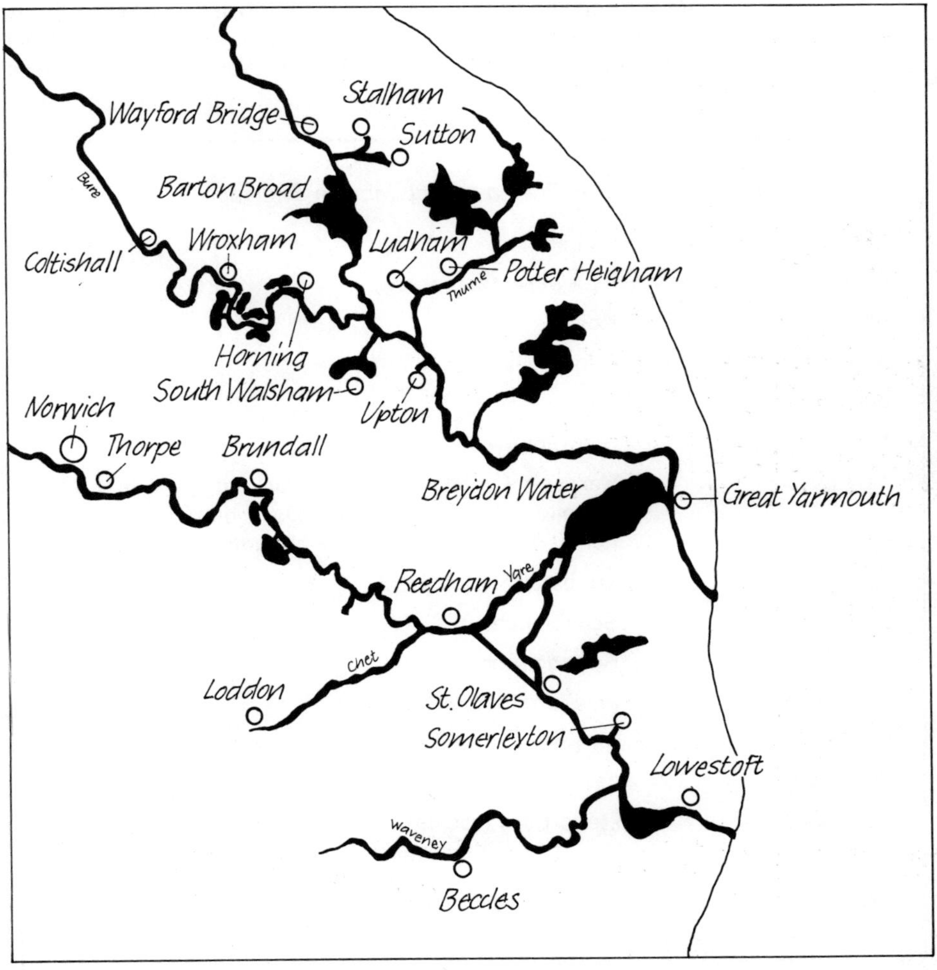

später sanfter an eine Kaimauer schrammen. Nachmittags fährt man wieder ein Stück, steigt aus, läuft durch ein Dorf und schaut die Kirche aus dem 14. Jahrhundert, drei Häuser und ein paar römische Überreste an, kauft ein, angelt vergeblich, streichelt eine Kuh, spielt in der Kajüte Sechsundsechzig, Watten und Monopoli und draußen Federball.

Baden tut man nicht, beziehungsweise nur ganz äußerst selten. Dies liegt zum Teil am Wetter – obgleich die Norfolk Broads angeblich „in the driest part of Britain" liegen, regnet es nicht selten –, zum andern Teil an folgendem: Es sind rund 3000 Schiffe, die, durchschnittlich mit vier Mann besetzt, hier auf rund 400 Kilometer Wasserwegen fahren. Und nicht nur fahren: jedes Schiff hat eine Küche, ein Waschbecken und eine

Nautischer Sprachführer zum Thema „Bootsfahrt in England"

ashore	an Land.
astern	heckwärts (achteraus).
berth	Koje.
bow (gesprochen: bau)	Bug.
buoy (gesprochen: boi)	Boje.
buoyancy jacket	Schwimmweste.
canopy	Verdeck. (Unter niedrigen Brückenbögen liest man zuweilen: „Lower canopy!" Das heißt: Verdeck abnehmen, sonst bleiben Sie hängen).
fuel	Treibstoff.
galley	Schiffsküche.
lifebuoy	Rettungsring.
to moor	anlegen, festmachen.
portside	backbord (also die linke Schiffsseite).
shallow	seichte Stelle.
starboard	steuerbord (rechts).
stern	Heck.
wash	Kielwasser.

Der muß haben ein Carnet

Toilette, die alle ins Wasser münden. – Aber es gibt Schwimmbäder mit gutgechlortem Leitungswasser, und es gibt Great Yarmouth, das sogar an der Nordsee liegt und nebst Strand und Wachsfigurenkabinett auch Windhundrennen und Spielautomatenhallen bietet, vor denen man alle Eltern dringend warnen muß: Kinder, einmal hierhergeführt, lassen sich nur unter heißen Tränen wieder draus entfernen und sind imstand, hier Taschengeld für sieben Wochen zu verspielen.

Sonst passiert wenig Sensationelles. Die Landschaft, ziemlich flach und schilfreich im Osten, waldiger und hügliger im Westen, ist nett, doch nicht sehr variantenreich, die Gemeinden sind idyllisch, und an nautischen Problemen treten, wenn man endlich einmal landen und geradausnavigieren kann, nicht mehr auf als untiefe Stellen da und dort, niedrige Brückenbögen (die aber mittels Schildern sorgsam angezeigt sind) und dichtes Bootsgewimmel bei Great Yarmouth. Berufsschiffahrt findet nicht statt, Schleusen gibt es keine, und Nachtfahrten sind nicht erlaubt.

Also legt man wo an, wo nicht grade „No Mooring" angeschrieben ist, in einsamen Schatten einer alten Windmühle oder in einem wohlinstallierten Hafen und harrt hier des nächsten Tages.

Auch wer sein eigenes Boot mit nach England brächte, würde weder nach einem Führerschein noch nach einem Carnet gefragt. Nur das Verbands-Zertifikat (s. S. 41) sollte er haben.

Die Einreise in die Mehrzahl der europäischen Staaten vollzieht sich, ob mit, ob ohne Boot und Trailer, ziemlich formlos. Selbst so heikle Nationen wie Rußland oder die Türkei denken hier liberal. Einige Länder freilich, von denen man's gar nicht erwarten würde, lassen den Seefahrer nur mit Spezialdokumenten über ihre Grenzen.

Die Angaben, die nun folgen, gelten fürs Jahr 1979; die Vorschriften mögen sich ändern, weshalb es angezeigt ist, vor der Reise beim nächsten Automobilclub anzurufen.

Belgien
zum Beispiel wünscht, daß, wer ein Boot einführt, das länger als 5 Meter 50 ist oder – bei beliebiger Länge – einen Motor hat, mit einem Triptik oder Carnet versehen ist. Nicht nötig sind diese Papiere nur, wenn das Schiff auf dem Wasserweg daherkommt.

Frankreich
fordert ein Triptik oder Carnet für Boote mit Außenbordmotoren über 92 Kubikzentimeter; 92 sind nicht viel, schon die meisten 5-PS-(4-kW)-Motoren haben mehr. Auch dies gilt nur auf dem Landweg.

Luxemburg
hat die belgische Regelung übernommen; für die

Niederlande
gilt, daß bei „Booten mit größerem Wert" an der Grenze die Hinterlegung der Mehrwertsteuer verlangt werden kann; sie beträgt 16 Prozent.

Ungarn
ist schließlich noch zu erwähnen – wenn auch bloß am Rande: da der Balaton, der Plattensee, im Frühjahr 76 für Motorboote gesperrt wurde, ist es vorwiegend noch für Segler interessant. Hier müssen Boote aller Art – ausgenommen Kanus und Kajaks – ein Carnet oder Triptik haben.

Schweden
verlangt für Motorboote eine zollamtliche Vormerkung,

Spanien,
daß man sein Schiff bei der Comandancia de Marina anmeldet.

Ein Triptik ist ein Grenzpassierschein für Kraft- und Wasserfahrzeuge, das zur vorübergehenden zollfreien Einfuhr des Fahrzeugs in ein bestimmtes Land berechtigt, ein Carnet ein Sammelheft, in dem mehrere Triptiks enthalten sind. Man bekommt es von den Automobilclubs, die auch die Garantie für etwa anfallende Zollzahlungen (wenn das Fahrzeug gestohlen wird oder völlig kaputtgeht) übernehmen. Auch Nichtmitglieder können bei den Clubs die Papiere kaufen, allerdings mit gewissem Preisaufschlag.

Beim ADAC gelten zur Zeit folgende Tarife:

	für Mitglieder DM	für Nichtmitglieder DM
Dreimonats-Triptik	20	30
Jahres-Triptik	30	40
Dreimonats-Carnet (10 Blatt)	65	100
Jahres-Carnet (25 Blatt)	80	110

Deemypsilonvau

Er hat es nicht besonders gern, wenn man ihn „Deemypsilonvau“ nennt; „Deutscher Motoryachtverband e. V.“ hört er lieber. Und seine Adresse lautet: Stormsweg 3, 2000 Hamburg 76.
Er ist oberster Sachwalter, Dach-, Spitzenorganisation und Sporthoheit für das deutsche Motorbootwesen (so wie der DFB für Fußball oder der Deutsche Squash Rackets Verband für Squash).
Was tut er? Er organisiert Motorbootrennen (wobei das „Silberne Lorbeerblatt“ zu gewinnen ist) und Langfahrtwettbewerbe, konspiriert und tagt mit ausländischen Organisationen, kämpft für das Recht der Freizeitschiffahrt und gegen Balken, die man ihr ins Wasser werfen will, berät seine Vereine, gibt ihnen Kredite, wenn sie Häfen bauen wollen, stellt Bootspapiere aus.
Zirka 170 Clubs und Vereine sind im DMYV verbunden; ihr größter ist der ADAC, aber auch AvD und DTC, der „Bernkasteler Ruderverein 1874“, der „Porzer Yacht-Club“, „Wassersportverein Columbus“, „Schwimmclub Wiesbaden e.V.“ und der „Yachtclub Baviera Venezia“ gehören ihm an. Einzelmitgliedschaft gibt es nicht; man tritt einem der angeschlossenen Vereine bei und genießt über dessen Motorbootabteilung, ohne zusätzlichen Verbandsbeitrag zu zahlen, die Früchte der DMYV-Betriebsamkeit.
Das wichtigste, was er zu bieten hat, ist das Verbands-Zertifikat, eine Art Kraftfahrzeugschein, das an der Grenze und in ausländischen Häfen dienlich ist. Es kostet 20 Mark, sofern man einem Mitgliedsclub angehört, 25, wenn nicht.
Seit 1976 gibt es ein „Internationales Verbands-Zertifikat“. Es ist interessant, daß die europäischen Wassergremien, die UNO und die verschiedenen Verkehrsministerien länger als fünfzehn Jahre brauchten (Ende der sechziger Jahre hat die Vorarbeit begonnen), um sich über ein schlichtes Papier zu einigen, das jeder Paddelboot-mit-Hilfsmotor-Besitzer an einem halben Nachmittag entwerfen könnte. So versteht man es, daß, als der Schein endlich er-

BUNDESREPUBLIK DEUTSCHLAND

Internationales Verbands-Zertifikat
für Wassersportfahrzeuge

International card for pleasure craft
Carte internationale pour les bâtiments de plaisance

DEUTSCHER MOTORYACHTVERBAND E.V. (DMYV)
Mitglied der Union International Motornautique
Stormsweg 3, 2000 Hamburg 76

In Zusammenarbeit mit:
In cooperation with/En colaboration du
Pleasure Navigation International Joint Committee (PNIC)
Alliance Internationale de Tourisme (AIT)
International Yacht Racing Union (IYRU)
International Canoe Federation (ICF)
Federation Internationale de Sociétés d'Aviron (FISA)
Ausgestellt entsprechend
Resolution No. 13 Economic Commission for Europe (ECE)

Namentlich

schaffen war, im Verbandsschrifttum jubiliert wurde:
„Das erste einheitliche internationale Dokument für die Sportschiffahrt! Beschlossen von den Vereinten Nationen – anerkannt von allen Nationen in Europa."

Wer als Mitglied eines Yachtclubs solch ein Zertifikat besitzt, ist auch im Inland fein heraus.
Nach der deutschen Binnenschiffahrtstraßen-Ordnung müssen Motorsportfahrzeuge, wenn sie auf dem Main, dem Main-Donau-Kanal, der Donau, auf bestimmten Teilen der westdeutschen Kanäle, auf der Weser samt ihren Quell- und Nebenflüssen oder auf Rhein und Mosel fahren, mit einem amtlichen Kennzeichen versehen sein. Auf den übrigen Binnenschiffahrtstraßen wie Neckar, Lahn etc. (siehe Seite 28) langt es, wenn der Bootsname außen am Schiff und der des Eigentümers innen angeschrieben steht, auf den Seeschiffahrtstraßen wird verlangt: Name des Fahrzeugs und des Heimathafens innen- oder außenbords.
Das amtliche Kennzeichen bekommt man bei den Wasser- und Schiffahrtsämtern, und es muß gut sicht- und lesbar am Sportboot angebracht sein.
Clubfreunden lohnt der Staat ihre Mitgliedschaft dadurch, daß er sie ohne Amtszeichen verkehren läßt, wenn sie „an stets sichtbarer Stelle" des Schiffs den Namen ihres Sportvereins und den Bootsnamen aufgemalt und überdies, an Heck, Bug oder Mast, die DMYV-Flagge gehißt haben, die mindestens 20 mal 30 Zentimeter groß sein muß.
Außerdem müssen sie einen Personalausweis dabeihaben und dazu das Zertifikat, das die Zugehörigkeit des Schiffes zu seinem Verein belegt.
Bezüglich des Namens seines Bootes ist der Kapitän ganz frei und ungebunden. Der Name wird ihm nicht vom Schiffahrtsamtsoberinspektor zugeteilt,

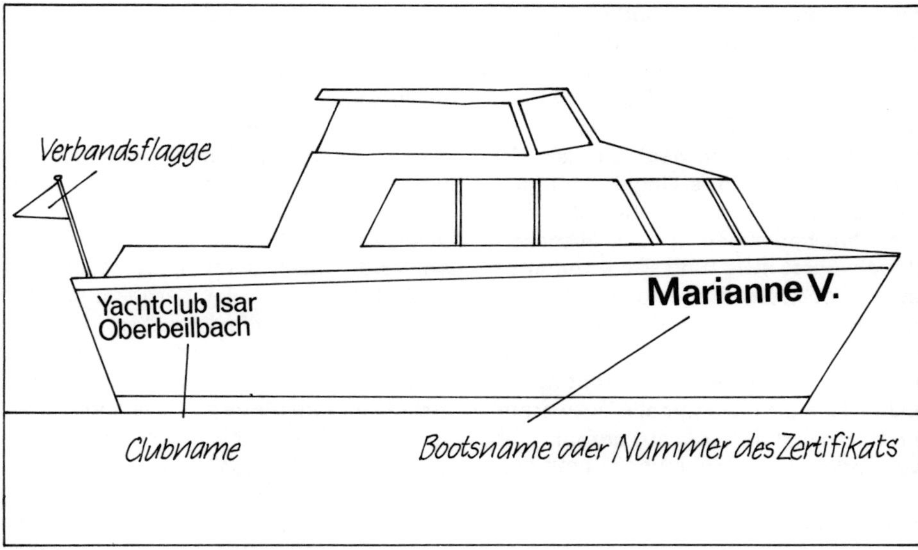

er darf ihn selbst aussuchen, und seiner Phantasie und seinem Einfallsreichtum sind keinerlei Grenzen gesetzt. Ob er sich als Zahnarzt für „Parodontose" oder „Mundfäule" entscheidet, als Gourmet für „Frikadelle" oder „Omelette surprise", ob er sein Schiff „Herodes", „Königin Elisabeth" oder „Torremolinos" nennt, ist ihm überlassen.

Einmaligkeit des Namens wird – wie ja auch bei Menschen – nicht gefordert, wem nichts Besseres einfällt, der kann sein Boot ruhig „Neptun", „Poseidon" oder „Nixe" taufen, auch wenn das schon Hunderte andere vor ihm taten.

Origineller ist es natürlich, ein Boot namens „Bafrika" zu fahren – nach den Vornamen der Töchter: Ba-rbara, Friederike und Ka-rolin. Oder es, wie ein Schiffskollege, den wir einmal trafen. „Keine Ahnung" zu nennen. Eigentlich, erzählte er, sollte sein Schiff ja „Loreley" heißen. Das kam aber in seinem Club schon zweimal vor, also entschied er sich, über „Ich weiß nicht, was soll es bedeuten?", für „Keine Ahnung".

Das sei nun zwar ein hübscher und auch seltener Name, sagt er, aber doch ein bißchen hinderlich. Kommt er an eine Schleuse und geht zum Zahlen ins Büro, fragt ihn der Schleusenwärter: „Wie heißt Ihr Boot?"

„Keine Ahnung", antwortet der Mann.

„Na, hören Sie mal", fährt ihn der Schleusner an, „Sie werden doch wissen, wie Ihr Boot heißt."

„Ja eben, ‚Keine Ahnung'."

Dies führt stets zu längeren Disputen und ist, genau genommen, so lustig auch wieder nicht. Wenn er nicht wüßte,

daß man das nicht soll, hätte er seinem Schiff schon lange einen andern Namen ausgesucht, erzählt der Mann, vielleicht „Titanic" oder „Johann Wolfgang Goethe". Das aber traut er sich nicht, denn jeder Seemann weiß, daß das Umtaufen eines Schiffes Unglück bringt.
Das ist es auch, was gegen die Wahl von Mädchennamen spricht. Nicht jede Liebe währet ewig, und wie unzumutbar ist es doch, einer nachfolgenden Liesi ein Boot anzubieten, welches „Minni" heißt! „Liebling" oder „Herzi" sind da weit unverbindlicher. Vor betont humorvollen Namen ist ebenfalls zu warnen; ein Witz nützt sich im Lauf der Jahre ab; wer findet „Hatu Möhrchen?" heut noch lustig? Ein Mann am Chiemsee, der vor Jahren „O nass is" auf sein Schiff schrieb, kann heute selbst nur mehr ganz selten von Herzen darüber lachen.
Als gleichfalls fragwürdig müssen überlange Namen wie etwa „Horribilicribrifax" (wie jeder weiß: eine Lustspielfigur von Andreas Gryphius, 1616–64) gelten; erstens ist es umständlich, sie hinzumalen und teuer, sie buchstabenweise aufzukleben, zweitens aber verärgert man Schleusen- und Hafenmeister, die sie notieren müssen, damit auf das nachhaltigste.
Wem die Wahl allzu wehtut, der kann sein Boot auch anonym belassen und statt des Namens die Zertifikatnummer an die Seitenwände schreiben; das freilich verträgt sich schwerlich mit der Zuneigung, die der stolze Eigner seinem Schiff entgegenbringt (ganz abgesehen davon, daß sich Nummern um vieles schwerer als Namen merken lassen).
PS: Es wäre noch nützlich zu wissen, daß Schiffe stets weiblichen Geschlechtes sind, welche Namen sie auch immer tragen: Es heißt nicht nur „die Lola", sondern auch „die Wappen von Büsum" und „die Klabautermann".

Sportfreunde

Der französische Motorbootfahrer führt, wenn er auf Reisen geht, eine „Carte internationale pour les bâtiments de plaisance“ mit sich; auf englisch sagt man „International card for pleasure craft“, deutsch aber „Internationales Verbands-Zertifikat für Wassersportfahrzeuge“. Dies illustriert grundsätzliche nationale Unterschiede: während man woanders zum Vergnügen motorbootfährt, handelt es sich bei unszuland um körperstählende, ertüchtigende sportliche Betätigung, und so ist es zweifellos wichtig zu erfahren, wie sich motorbootlicher Sport so abspielt.

Deutsche Sportautorität ist, wie schon mitgeteilt, der Deutsche Motoryachtverband, und wer an Regatten teilzunehmen wünscht, muß einem DMYV-Club zugehören. Außerdem mindestens 16 Jahre alt sein und entweder den Sportbootführerschein oder einen der DMYV-Motorbootscheine haben.

Dann beantragt er, über seinen Club, die Lizenz, die ihn befugt, an allen Rennen teilzunehmen, die in der Bundesrepublik stattfinden. Dann rennt er, auf Rallyes, Kurz- und Langstrecken- oder Küstenrennen (fachmännischer „Offshore“ genannt), und ist es ihm fünfmal gelungen, sich zu plazieren, darf er sich um die internationale Fahrerlizenz bemühen und mit ihr Sportsruhm auch in ausländischen Wässern auf sich häufen. (Anders als beim Führerschein gilt hier die Vorschrift, daß auch der Beifahrer der Lizenz bedarf.)

Wer keine Lizenz besitzt, braucht deswegen sportlich nicht untätig zu bleiben; einige nicht DMYV-genehmigungspflichtige, kindlichere Wettbewerbe – wie Ziel- und Stern-, Geschicklichkeits-, Findigkeits- oder Bildersuchfahrten – stehen auch ihm offen. Zu ausgesprochenen Meisterehren bringt man's auf diesem Wege freilich nicht; immerhin aber kann man dabei, was fast noch nützlicher ist, einen Kompaß, ein Paar Gummistiefel oder wenigstens nautisch emblemierte Manschettenknöpfe gewinnen.

Ortsveränderung

Es gibt Freizeitkapitäne, deren nautische Begierden durch Kaffeetrinken und Übernachten an Bord ihrer Yacht im Hafen hinreichend befriedigt werden. Dies ist die billigste, nervenschonendste Art des Seemannslebens, bequem dazu und von Gefahren, wie sie auf hoher See drohen und lauern, unbetroffen.
Andere wieder, von vagantischem Gemüt, möchten mal dies, mal jenes Weltmeer befahren, nicht nur die Ost- und Nordsee kennenlernen, sondern auch freundlichere Gewässer, wie man sie im Süden findet. Vor ihnen erhebt sich das Problem: Wie bringe ich mein Schiff in die Ägäis, nach Dalmatien, zur Costa Brava, Côte d'Azur?
Der Herr Josef Z. aus Regensburg zum Beispiel. Der besitzt ein Metzeler-Luftboot namens Aztek (600 Mark), Format 2 Meter 80 mal 1 Meter 23, Gewicht 16 Kilogramm, und dazu einen handlichen 4-PS-(3-kW)-Motor. Er läßt die Luft aus seinem Schiff, legt die Häute zusammen, erhält ein Päckchen von 60 Zentimeter Länge, 45 Breite, 20 Höhe, tut dies in den Autokofferraum und den Motor dazu und verreist gänzlich unbeschwert.
Inhaber großer Schlauchboote und kräftiger 40-PS-(30-kW)-Motoren, deren Schiffe sich auch verpackt noch zu stattlichen Maßen türmen: „Elbe I" von Barakuda etwa (400 x 180 cm, 81 kg) läßt sich in zwei Pakete teilen, von denen eines 108 x 61 x 38 und das andere 131 x 80 x 20 cm mißt – müssen geräumige Autos haben oder die Rücksitzbank von Familienmitgliedern freihalten.

Harte Boote, sperrig und unzerlegbar, können im Minimal-Dingi-Fall aufs Autodach, auf welchem, je nach Modell, 50 bis 80 Kilo Gewicht erlaubt sind; mehr ist von großem Übel und macht die Fahrt insbesondere in Kurven und bei Seitenwind, lebensgefährlich.
Von einigen Liliputschiffen abgesehen, kommt der Dachtransport eines Motorbootes ohnehin nicht in Frage. Schon bescheidene Kleinsportboote um die 4 Meter Länge wiegen 135, 150, 160 Kilo, da führt kein Weg mehr aufs Dach.
Da braucht man einen Bootsanhänger, einen Trailer.

Ein solcher Trailer kostet:
für Zuladung um die

200 Kilo	600 bis 800 Mark
300 bis 350	800 bis 1200
500 bis 600	1300 bis 3000
zirka 1000	2800 bis 4500
zirka 1500	4000 bis 5500
1800 bis 2000	5000 bis 6000

Dazu kommt die Anhängerkupplung, samt Montage und Elektrizität 300 bis 400 Mark (muß vom TÜV abgenommen werden!); dazu kommt keine Steuer: Bootsanhänger sind zulassungs- und steuerfrei und fahren mit der Nummer der Zugfahrzeuge (brauchen allerdings eine deutsche Betriebserlaubnis). Als Führerschein langt Klasse 3.
Was die Automobile ziehen dürfen, ist verschieden. Hat der Anhänger keine Auflaufbremse, dann beträgt das zulässige Anhängegewicht (Trailer plus Ladung) laut § 42 Absatz 2 StVZO „höchstens die Hälfte des um 75 kg erhöhten Leergewichts des ziehenden

Fahrzeugs, aber nicht mehr als 750 kg", das Leergewicht des Autos steht im Kraftfahrzeugschein angegeben.

An gebremsten Anhängergewichten sind, beispielsweise, erlaubt:

Audi 80 L	850 Kilogramm
BMW 2000 C/CS	1200
Daimler-Benz (alle)	1200
Ford Granada 70 PS	800
Chevrolet Blazer	2700
Opel Admiral, Diplomat	1900
Volvo 265 DL	1900
VW Passat	850

Für manche Wagen gibt es Spezialgenehmigungen für ein wenig höhere Gewichte; darüber wären die Autohändler zu befragen.

Ein besonderes Vergnügen ist es nicht,

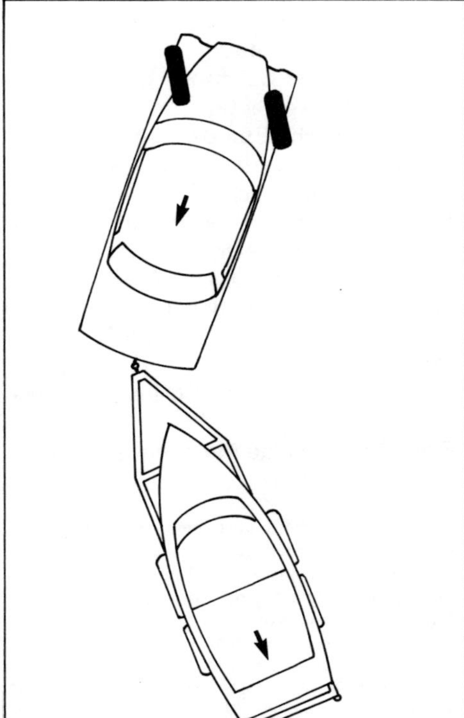

1

So, nämlich nach rechtshinten, fährt der Anhänger, wenn man die Autoräder links einschlägt.

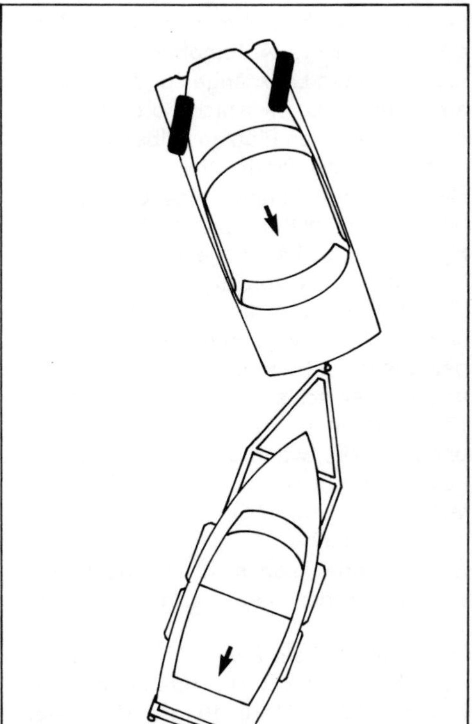

2

Und nach hintenlinks rollt er, wenn die Räder des Autos nach rechts eingeschlagen werden.

mit dem Anhänger zu reisen: In fast allen Ländern gelten Geschwindigkeitsbeschränkungen (in Deutschland 80 km/h – bezüglich anderer Nationen erkundige man sich bei den Automobilclubs), die ungewohnte Breite macht zu schaffen, Parken in Städten ist fast unmöglich und das Rangieren eine spezielle Kunst:
Beim Rückwärtsfahren reagiert der Anhänger – siehe Skizzen auf Seite 47 – umgekehrt wie der Zugwagen, und Geradeausrückwärtsfahrt gerät zu schlangenlinigem Kurs; Automobilclubs führen hier und dort Lehrgänge für Anhängeranfänger durch; wo nicht, tut man gut, auf abgelegenen Plätzen selbständig ein bißchen zu trainieren.
Die zulässige Länge eines Gespannes beträgt 18 Meter, die Höhe 4. Die Höchstbreite aber 2 Meter 50, und die können bereits von einem 6-Meter-50-Kajütboot überschritten werden. In diesem Fall benötigt man eine Sondergenehmigung (von der Zulassungsstelle und den einschlägigen Auslandsbehörden), die man erstens bezahlen muß und zweitens, wenn die Breite über 2,80 geht, möglicherweise nicht bekommt.
Was tut man dann? Oder wenn das Boot zu schwer ist?
Dann wendet man sich an eine Firma, die sich professionell mit Yachtspedition beschäftigt.
Die nimmt für ein Zwei-, Drei-, Viertonnenschiff mit nicht zu auffälliger Überbreite zirka 1 Mark 10 pro Kilometer (leer und mit Last) und stellt einem außerdem die Mautgebühren, Wartezeiten, Genehmigungskosten usf. in Rechnung.
Überschlagen wir's: Da liegt ein Boot in Hamburg-Wedel und möchte in die Adria. Das ergibt hin und zurück runde zweieinhalbtausend Kilometer, mal 1 Mark 10 sind's 2750 Mark. Das Boot ist 3 Meter 35 breit, also sind mehrere hundert Mark für die deutsche, österreichische, italienische Genehmigung zu zahlen, überdies – ab 3 Meter 20 – polizeiliche Begleiter nötig, die allein vom Brenner bis Venedig um die 1000 DM kosten. Dazu kommt die Brennerautobahn, die Gebühr für die Autostrada, der Kran in Hamburg und der italienische, die das Schiff aus dem Wasser und ins Wasser heben, an der Grenze dauert es sechs Stunden, bis die Fuhre abgefertigt ist . . ., da werden 5000 Mark nur schwerlich reichen.
Auch Bahntransport ist möglich und im Prinzip billiger, freilich oft umständlich, unpünktlich und mit viel Ärgernis verbunden, und Selbstfahrt auf dem Wasserweg für Leute, die viel Muße haben und sich entweder nicht vor Stürmen oder nicht vor vielen Schleusen fürchten.
Eine sehr günstige Methode, eine Yacht

Wer viel Zeit hat, kann sein Boot auch auf eigenem Kiel nach Süden steuern. Der klassischste der Wege führt außenherum durch die stürmische Biskaya und die nicht minder gefürchtete Straße von Gibraltar. Sicherer sind die Binnenrouten: rheinaufwärts, Mosel (oder Elsaßkanal), Saône, Rhône (wobei man ab Lyon einen Lotsen an Bord nehmen muß); oder Ärmelkanal, Rance, Vilaine, Biscaya-Küste, Gironde, Canal du Midi. Weitaus gemütlicher wird der Transport, wenn mehrere Mannschaften nacheinander Bootsurlaub machen und das Schiff schrittweise vom alten in den neuen Hafen bringen. ▶

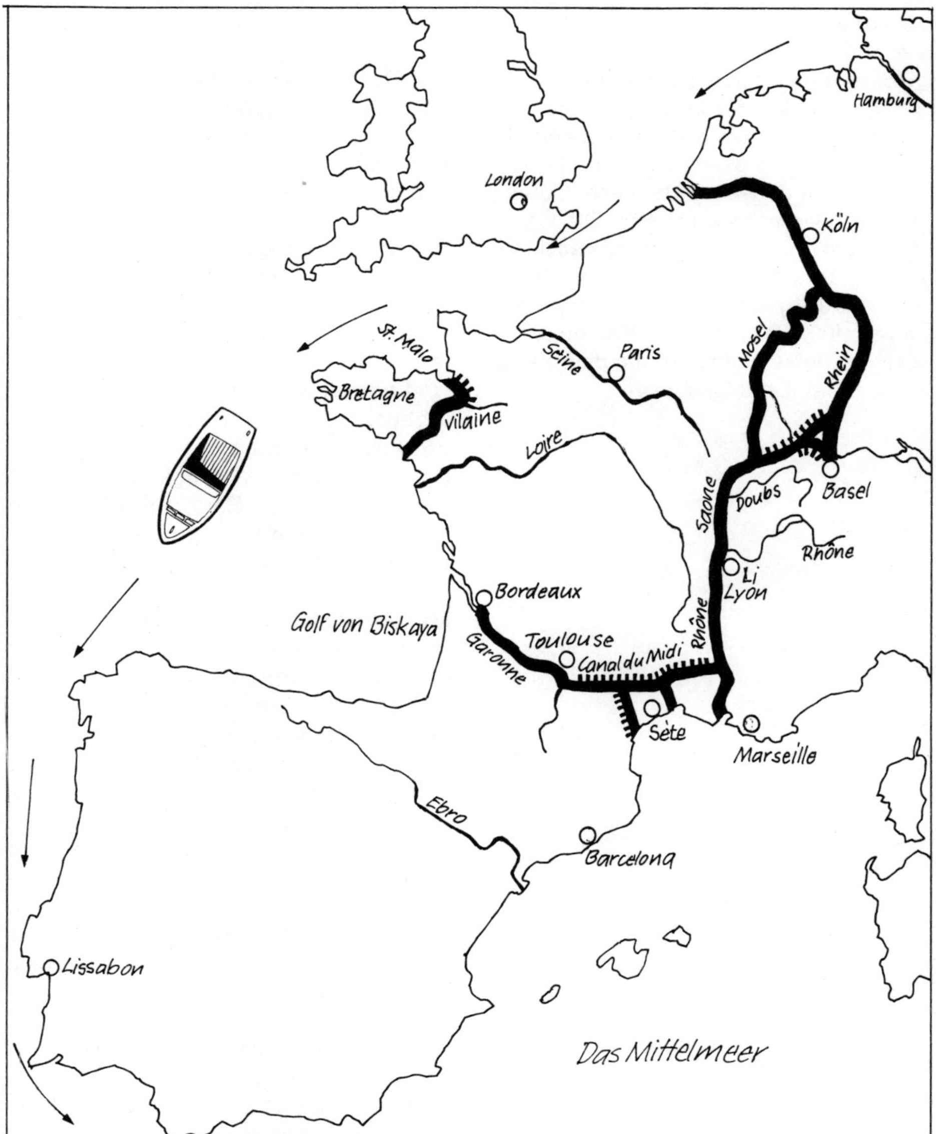
Hamburg
London
Köln
St. Malo
Seine
Paris
Mosel
Rhein
Bretagne
Vilaine
Loire
Saone
Doubs
Basel
Rhône
Li
Lyon
Bordeaux
Golf von Biskaya
Garonne
Toulouse
Canal du Midi
Rhône
Sète
Marseille
Ebro
Barcelona
Lissabon
Das Mittelmeer
Gibraltar

Der Mann über Bord

zu versenden, besteht darin, daß man sie einer Sportschifferschule zu einem „Überführungstörn" anvertraut. Die besetzt das Schiff mit einem tüchtigen Kapitän und einem halben Dutzend Gästen und liefert es vom Ijsselmeer nach Cádiz, von Travemünde nach Catania oder von wo nach wo immer. Die Gäste, die nach höheren Seefahrerscheinen streben und dazu Navigationserfahrung und zurückgelegte Meilen brauchen, zahlen 400, 500 Mark pro Woche, damit wird die Reise finanziert und dem Yachteigner viel Geld gespart.

„Mannüberbord!" jubelt der Exportkaufmann Max Joseph Faltermeyer hinter mir. Das stimmt gar nicht. Es ist nur ein lebloser Rettungsring, der in das Wasser fiel.
Aufregung wäre also fehl am Platze; dennoch ist sie nicht unbegründet, denn unser Führerscheinprüfer hat den Ring in den Starnberger See geworfen, und ich muß nun zeigen, was ich für diesen Fall gelernt habe:
Sofort den Motor in den Leerlauf schalten.
Und ebensofort das Lenkrad rechtsrum drehen, denn rechts, steuerbords, schwimmt der Ring.
Beides ist von Wichtigkeit, denn es sollte, wäre der Ring ein Mann, ein Mensch, vermieden werden, daß er in die Schiffsschraube gerät. Die Zeichnung 1 demonstriert das.
Meine nächste Aufgabe besteht nun nicht etwa darin, zurückzustoßen; dies brächte wiederum Schraubengefahr, insbesondere wenn man sich vorstellt, es herrschten See- und Wellengang. Ich fahre vollgasvoraus, einen Bogen, einen Kreis, um wieder zu dem Ringmann hinzukommen. Ein Stück vor ihm senke ich die Geschwindigkeit, als ich ihm auf ein paar Meter nahebin, kupple ich aus und bringe mein Schiff neben ihm zum Stehen. Max Joseph Faltermeyer aber langt ins Wasser und holt ihn heraus. Und der Prüfer nickt wohlwollend zufrieden.
Die Zeichnung 2 zeigt, wo ich schließlich stehe: auf der Luvseite des Mannes, zwischen ihm und dem Wind. Die Meinungen darüber, was gescheiter ist, Luv oder Lee, sind geteilt. Die Luvbefür-

worter finden: So wird das Schiff schön langsam dem Manne zugetrieben, die Leefreunde: so schwemmt's den Mann ans Schiff. Woraus man sieht: es kommt wohl beides ungefähr aufs selbe raus.

Im Ernstfall, wenn tatsächlich ein Mensch im Wasser läge, und nicht im glatten See, sondern im Meer, dem rauhen, wäre noch einiges mehr zu beachten:

a) Während ich mein Lenkrad drehe und den Propeller auskupple, müßte ein Mitfahrer dem Manne einen Rettungsring zuwerfen – nicht nur oder sogar weniger, damit der nicht ertrinkt, sondern damit wir ihn leichter wiederfänden.
b) Bis wir wieder bei dem Mann ankämen, würde er einen Palstek in eine Leine knüpfen und diese Leine – nicht ohne sie am andern Ende festzuhalten – zu dem Manne schleudern, wenn wir dasind.
c) Alsdann würden wir uns gemeinschaftlich bemühen, ihm wieder aufs Schiff zu helfen.

Die Mann-über-Bord-Fälle sind in der Seglerei weit häufiger als beim Motorbootfahren, schon deshalb, weil auf dem Motorschiff während der Fahrt ja niemand viel an Deck verloren hat. Aus offenen Sportbooten freilich purzelt immer wieder einmal einer, teils infolge blödsinniger Kurvenfahrt, teils weil er auf dem Bootsrand saß oder seinen

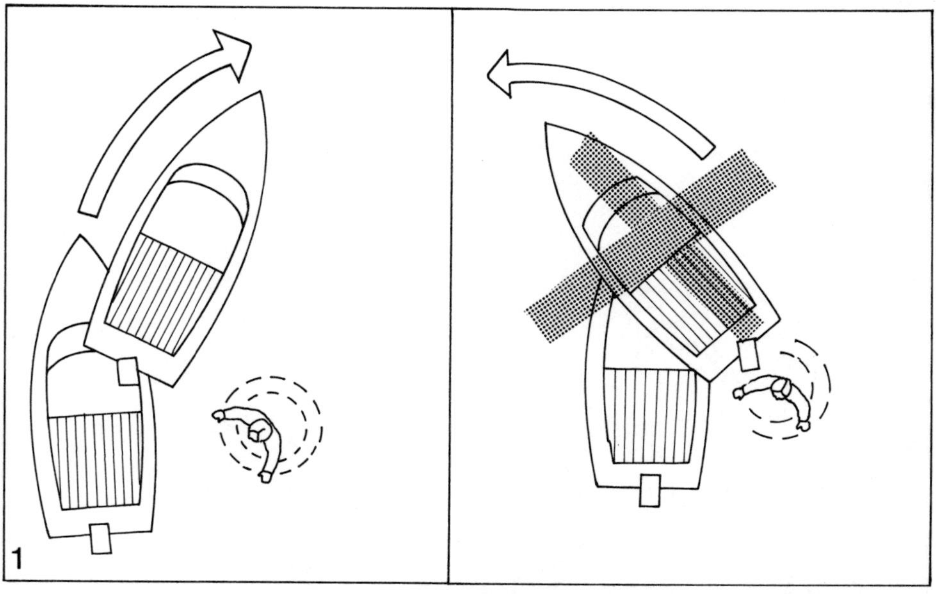

1

Das Lenkrad wird beim Mann-über-Bord-Manöver nach der Seite hin gedreht, auf der der Mann ins Wasser fiel. Dadurch entfernt sich die Schiffsschraube von ihm. Lenkt man – Skizze rechts – andersherum, dann besteht die Gefahr, daß ihm der Propeller zu nahe kommt.

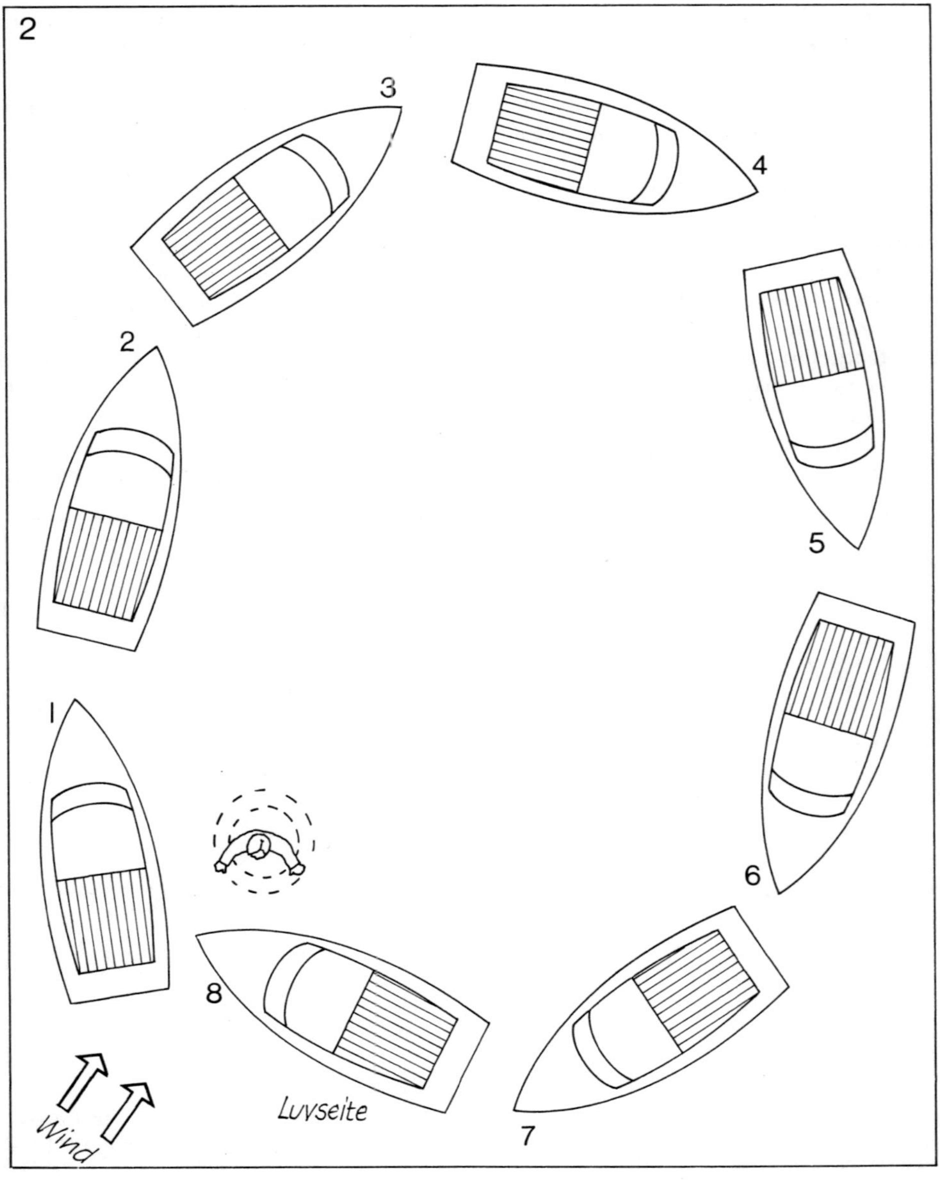
2
3
4
2
5
1
6
8
7
Luvseite
Wind

Nautischer Sprachführer zum Thema „Mann über Bord"

backbord	ist die – in Fahrtrichtung gesehen – linke Seite des Schiffs.
Lee	die vom Wind abgewandte Seite des Boots. Das kann – während sich back- und steuerbord nicht ändern – einmal die rechte, einmal die linke Schiffsseite sein.
Luv	das Gegenteil von „Lee": die Seite, von welcher der Wind bläst.
steuerbord	die rechte Schiffsseite, das Gegenteil von „backbord". Das Wort erklärt sich daraus, daß früher das Steuer des Schiffes immer auf der rechten Seite war. Dort saß der Steuermann und wendete der linken Seite seinen Rücken, seine Back-Seite, zu.

Motor mit eingelegtem Gang anließ. (Ein „Quickstop"-Kurzschlußschalter, durch eine Reißleine mit dem Handgelenk des Steuermanns verbunden, kann in solchen Situationen lebensrettend sein: er stellt den Motor sofort ab, wenn der Steuermann ins Wasser fällt.)

Schließlich ist noch jener Männer-über-Bord zu gedenken, die ganz absichtlich vom Boot aus baden und dann wieder ins Schiff zurückzukehren wünschen. Das ist bei einem Schlauchboot mit seinen niedrigen Wülsten keine Kunst, und das gelingt auch beim offenen Sportboot ziemlich gut.

Bei Kajütbooten aber, auch bei ziemlich kleinen, ist das anders: Rutschig-glatte, hohe Wände, nichts erreichbar Griffiges am Rand des Decks behindern die Ersteigung sehr; ohne kräftige Handreichung von obenher ist die Rückkehr aufs Boot schon bei 50, 60 cm Freibordhöhe eine mühselige Kletterpartie.

Es sei denn, man hat eine Badeleiter, und es sei des weiteren, daß diese Badeleiter zufällig so gebaut ist, daß man sie benutzen kann. Oft kann man kaum, weil sich die Firma die zwei untersten Sprossen gespart hat und die Leiter erst über die Wasseroberfläche beginnen läßt; und viele Boote – auch solche, die man chartert – haben gleich gar keine.

Wahrscheinlich stammt diese Tradition noch aus der alten Zeit, als Seeleute nicht schwimmen konnten und deshalb sowieso niemals ins Wasser gingen.

◀ So wird zum Mannüberbord gefahren. Und luvwärts von ihm hält man; oder auf der Leeseite, wenn das der Prüfer lieber sieht.

Im Sinne des Uhrzeigers

Wenn man eine Schiffsschraube von hintenher besieht und diese Schraube sich bei Vorwärtsfahrt nach rechts dreht, im Uhrzeigersinn, so hat man es mit einer „rechtsgängigen Schraube" zu tun. Dreht sie sich linksherum, ist sie, logischerweise, linksgängig. Bei Rückwärtsfahrt rotiert die Schraube umgekehrt: die rechtsgängige nach links, die linksgängige rechts.

Diese Drehrichtung hat zur Folge, daß das Bootsheck nicht nur in Fahrtrichtung, sondern auch zur Seite geschoben wird, zu der Seite, nach welcher der Propeller dreht. Beim Vorwärtsfahren merkt man davon beinahe nichts, im Rückwärtsgang um so mehr: da drückt die rechtsgängige, nun linksherumlaufende Schraube das Heck des Boots nach links.

Dieser Radeffekt ist insofern ärgerlich, als er die langsame Rückwärtsfahrt (bei der das Steuerruder keine Wirkung zeigt) nach der anderen Seite stark behindert. Das aber gleicht sich dadurch wieder aus, daß dafür in der Schraubendrehrichtung um so besser gefahren werden kann.

Der Steuermann (wenn er nicht einen Außenbordmotor hat, bei dem das ziemlich egal ist) sollte wissen, wohin seine Schraube dreht – und kann das ganz leicht ohne zu tauchen feststellen: Rückwärtsgang, sacht anfahren: Wohin dreht sich das Heck?

Das merkt man sich, und das berücksichtigt man, wenn man auf engem Raum zu wenden hat: man richtet es dann so ein, daß man in die Richtung zurückstößt, in die einen die Schraube sowieso drängt.

Das Rückwärtseinrangieren in enge Lücken geht – bei rechtsgängigen Schrauben – so, wie die Abbildungen zeigen:

Langsam, parallel zum Ufer an die Lücke heranfahren (1). Rückwärtsgang, nach links einschlagen, langsam zurückstoßen (2); der Radeffekt unterstützt die Drehung. Rechts einschlagen, vorwärts (3), was zu Stellung 4 führt, wieder nach links gelenkt, retour (5, 6), Steuerrad rechtsherum (7) und nach vorne, linkslenken (8) und zurück... und so weiter, bis man drinsteht.

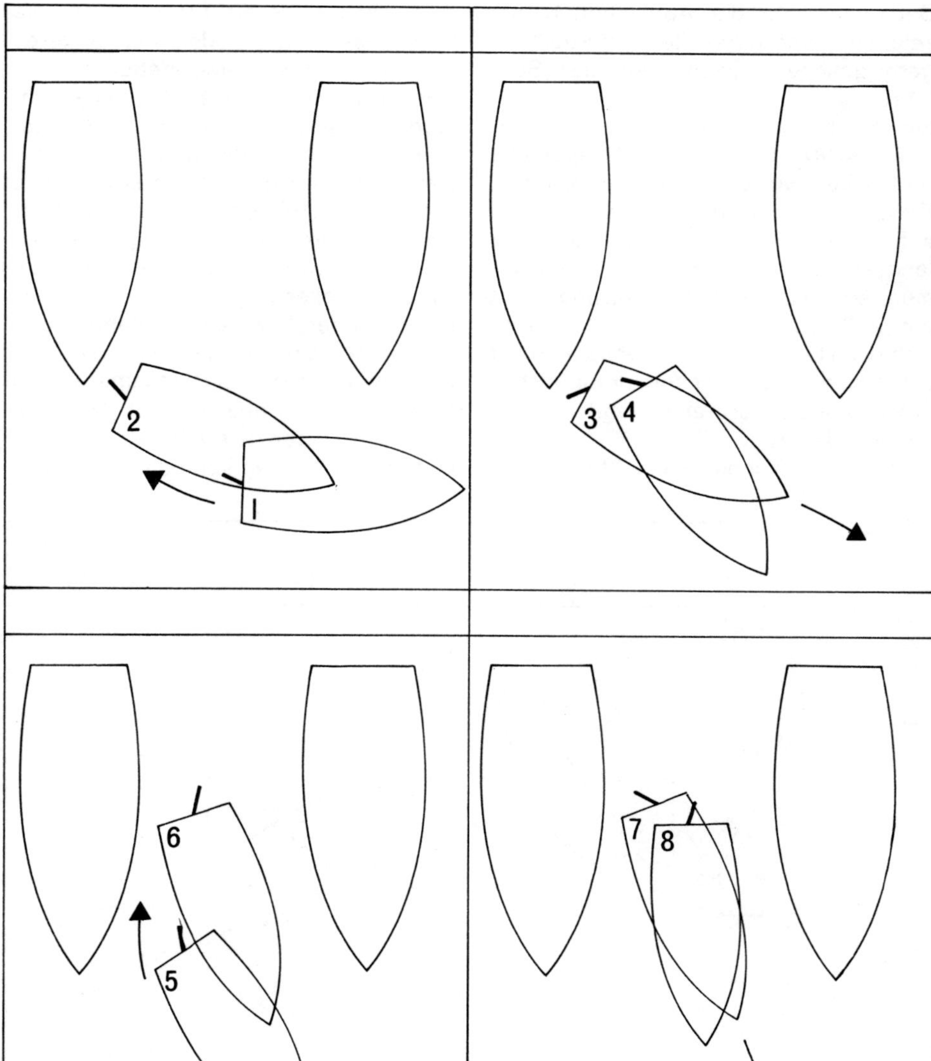
2
1
3
4
6
5
7
8

In der Anlage

Betrachten Sie die Abbildung 1. Sie zeigt eine eindrucksvolle, vom Publikum gern gesehene Szene aus der Seefahrt.
Ein Boot kommt angefahren, stromabwärts. Am Ufer ist ein Anlegeplatz, dort halten wir, beschließt der Kapitän. Er lenkt sein Schiff im spitzen Winkel auf die Ufermauer zu, langsamer, ganz langsam, schon ist er dort angekommen, ein Mitglied der Besatzung hüpft mit der Vorleine an Land, da aber dreht sich das Heck, das Boot steht senkrecht zur Mauer, noch weiter dreht sich's, krach, knirsch, schramm, und rumpelt an die Mauer.
Das ist kein Wunder, so mußte es kommen: Was sollte die Strömung, da die Bootsnase festgebunden war, anderes tun, als das Boot zerschmettern?
Das lernt schon der Schiffsjunge: Anlegemanöver werden, wenn möglich, gegen Wind und Strömung durchgeführt.
Dann nämlich verlaufen sie so harmlos, wie es die Abbildung 2 demonstriert: Das Boot dreht um, fährt spitzwinklig, gegen den Strom, auf die Anlegestelle zu, beim Poller angekommen, macht es keine – oder fast keine – Fahrt mehr, die Fender sind ausgebracht, die Vorleine wird am Poller festgemacht, die Gegenströmung aber schiebt das Heck ganz von selber dem Ufer zu.
Unterstützt werden kann die Uferwärts-

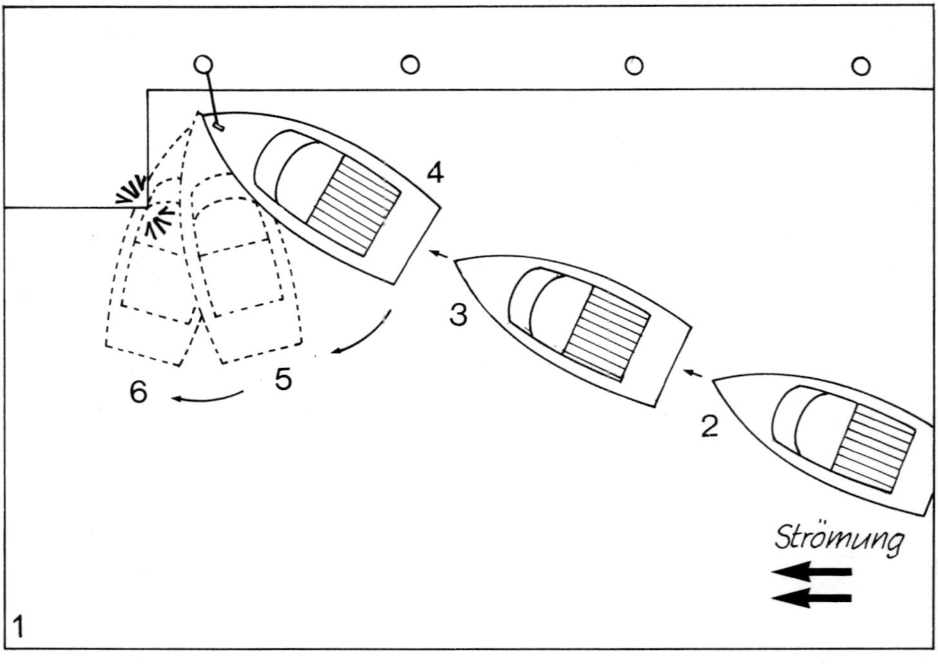

bewegung des Hecks dadurch, daß der Mann am Ufer an der Heckleine zieht, oder, eleganter noch, mittels des Rückwärtsgangs: bei einer rechtsgängigen Schraube genügt kurze, langsame Rückwärtsfahrt (ohne Betätigung des Ruders), und die Schraube schiebt das Heck nach links.

Soll rechts angelegt werden, geht das im Prinzip genauso. Nur daß man, vorne mit etwas längerer Leine festgemacht, das Lenkrad nach links einschlägt und – ohne Radeffekt – ein Stückchen vorwärts fährt. Wieder wandert – Abbildung 3 – das Heck zum Ufer.

In Wässern ohne Wind und Strömung

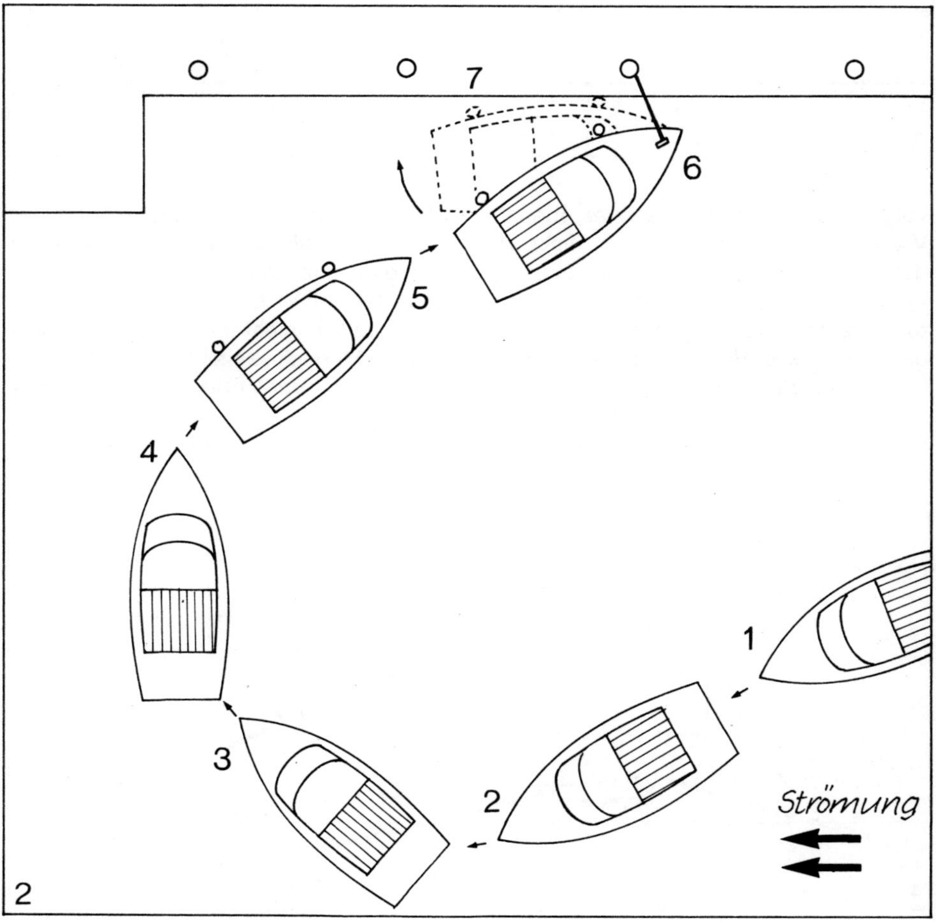

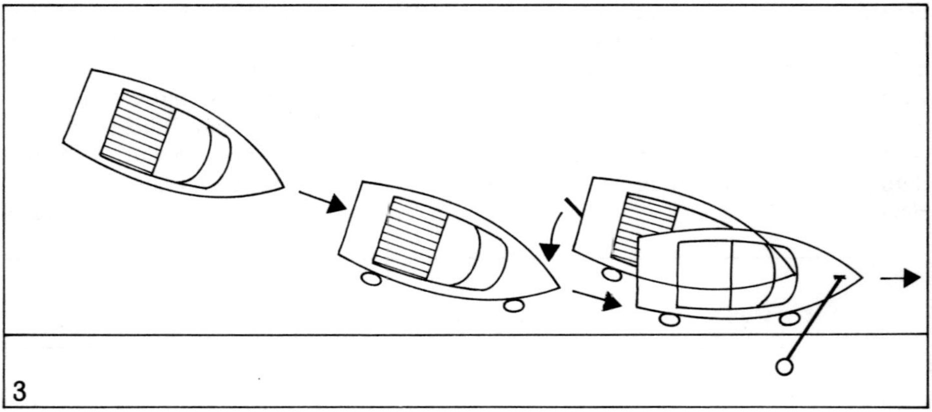

vollziehen sich diese Manöver ebenso. Vielleicht aber geht es einmal nicht anders, vielleicht muß man trotz bessern Wissens mit dem Strom anlegen. Auch dann besteht die Aufgabe des Kapitäns darin, größere Verheerungen an Steg und Schiff zu vermeiden. Auf schlichte Weise gelingt ihm das dadurch, daß er erst die Heckleine am Poller festmacht und dann die Leine vorn.

Sehr lehrreich ist auch die Skizze 4. Hier nämlich sieht man, wie der sorgfältige Mensch sein Schiff anbindet: Nicht nur mit der Vorleine vorne und der

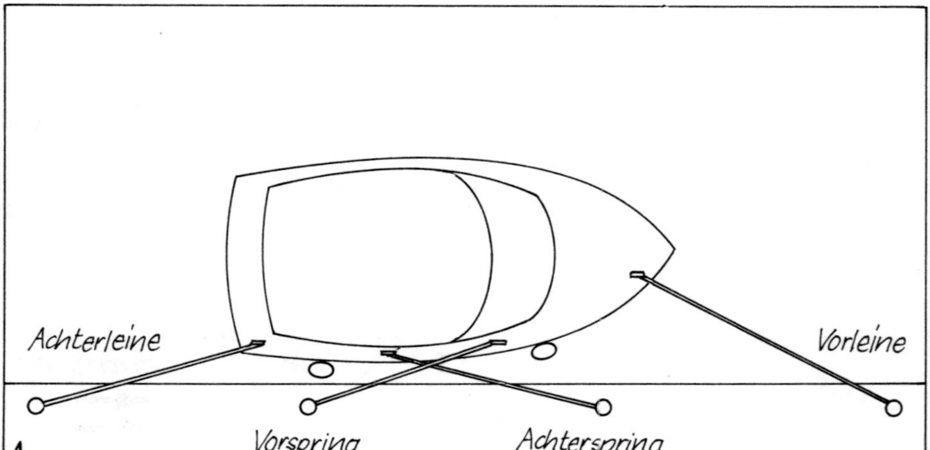

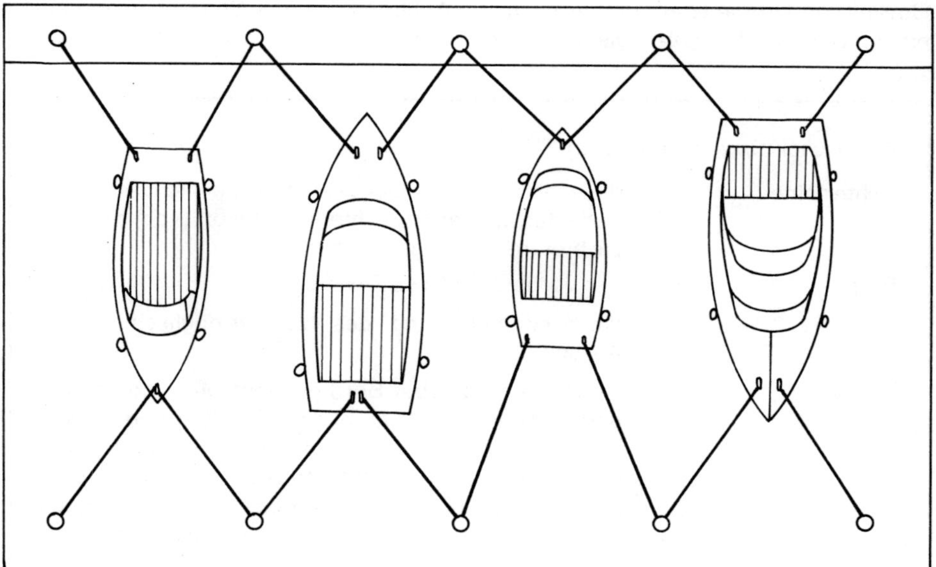
5

Achterleine hinten, sondern, um zu verhindern, daß sich das Boot scheuernd vor- und zurückbewegt, noch mit zwei zusätzlichen Schnüren, Vor- und Achterspring genannt.
In vielen Häfen ist es nicht erlaubt, daß man sich so längsseits ans Ufer legt. Da steht man, um Platz zu sparen, senkrecht mit dem Bug oder dem Heck zur Pier.
An der Mauer sind Ringe oder am Ufer Poller oder Klampen und im Wasser kräftige Pfähle oder Bojen für das dem Steg abgewandte Bootsende (Abb. 5). An den Pfählen macht man rechts und links je eine Heck- oder Bugleine fest, läßt sie lang genug, fährt vollends auf das Ufer zu, wo man wiederum beiderseits je eine Leine anbringt: möglichst so, daß das Schiff schrittnah dem Ufer steht, so daß man es betreten kann, und andererseits weit genug entfernt, daß es nicht an der Ufermauer scheuert oder, wenn man heckwärts gelandet ist, gar der Außenmotor beschädigt wird.
Wo die Bojen und Pfähle fehlen, wird der Heck- oder Buganker ausgeworfen; er hindert das Schiff am Hin- und Herschwoien.
Ob man besser mit dem Bug oder mit dem Heck voran anlegt? – Nun, das Anlegen bugvoraus ist leichter; dafür bei manchen Booten das Ein- und Aussteigen nur hinten möglich; dafür wieder sitzt man, wenn der Bug zum Ufer zeigt, publikumsferner und geschützter im

Cockpit; andererseits arbeitet sich's mit einem Buganker leichter als mit dem Anker am Heck. – So hat man in beiden Fällen nichts wie Vor- und Nachteile.

Nautischer Sprachführer zum Thema „Anlegen"

Achterleine	die hintere Leine; Gegensatz: Vorleine. „Achtern" bedeutet „hinten"; „achterlich" heißt „von hinten", „achteraus" = „nach hinten".
Bug	der vordere Teil des Schiffes.
Crew	die Schiffsbesatzung; das Wort ist englisch. Aussprache: „Kru".
Fender	ein Polster, das über Bord gehängt wird und verhindert, daß das Schiff an andern Schiffen und an der Kaimauer kratzt. Besonders wirksame, wenn auch nicht schöne Fender sind alte Autoreifen. Auch dieses Wort ist englisch; etymologisch hängt es mit lateinisch „defendere" = „verteidigen" zusammen.
Heck	das Gegenteil von „Bug": der hintere Teil des Schiffes.
Pier	der Steg, die Mole, die Kaianlage. Die Pier ist weiblichen Geschlechts, die Mehrzahl lautet „Piers".
Poller	eine Klampe oder ein Pfosten zum Festmachen der Schiffe.
Spring	schräglaufende Festmachleine, die das Schiff parallel zum Steg oder zur Ufermauer hält.
Steuerbordruder	legen heißt: das Ruder so legen, daß das Schiff nach steuerbord – nach rechts – gedreht wird. Backbordruder lenkt das Schiff nach links.

Denn mein Schiff sticht in See

Eines Tages soll die Reise weitergehen, und dann muß man wissen, wie man in See zu stechen hat.
Nehmen wir die günstigste aller Situationen an: das Boot liegt längsseits, der Länge nach, an seiner Pier, kein Wind weht weit und breit und keine Strömung strömt, und auch keine fremden Schiffe parken hinderlich im Wege. Dann ist das Ablegen keine große Kunst:
Motor anlassen (Leerlauf), Fender bleiben hängen, Leinen werden gelöst, ein Mann begibt sich aufs Vordeck, stößt das Boot mit dem Fuß von der Ufermauer ab, so daß es sich schräg vom Ufer abwendet (Bild 1), Vorwärtsgang, Abfahrt.
Die Abfahrt geschieht mit geradeaus gerichtetem Steuerruder. Wer zu kräftig am Lenkrad drehte, dem könnte es passieren, daß das Heck seines Schiffs die Mauer streifte; denn ein Bootsheck, durch das Ruder seitwärts gedrückt, schert bei weitem heftiger aus als etwa das hintere Ende eines Autos.

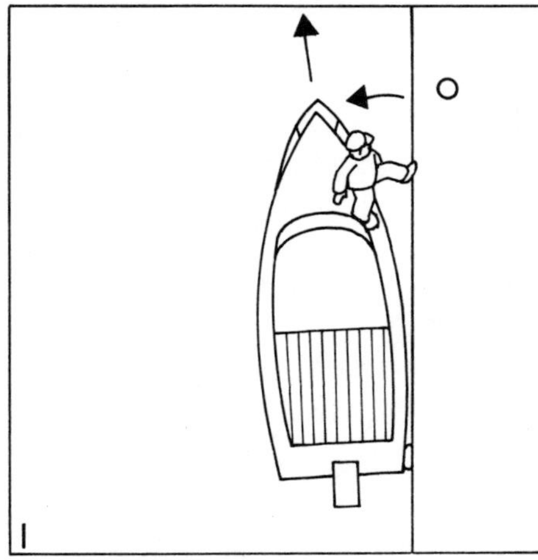

Nun aber sind die Fälle, daß man allein am weiten Kai liegt, nicht die allerhäufigsten. Viel wahrscheinlicher ist es, daß sich vorn und hinten andre Schiffe drängen, daß die Parklücke eng und die Herausfahrt nicht ohne Mühe möglich ist. Dann sieht das so aus wie im Bild 2,

Nautischer Sprachführer zum Thema „Ablegen"

ablandig	vom Lande weg; ablandiger Wind weht vom Land ab auf die See zu.
ablegen	mit einem Boot vom Land oder der Boje wegfahren.
absetzen	beim Ablegen das Boot mit der Hand, mit dem Fuß oder dem Bootshaken von der Pier abstoßen.
auflandig	aufs Land zu; auflandiger Wind weht von See her zum Lande.
loswerfen	die Festmachleinen lösen.

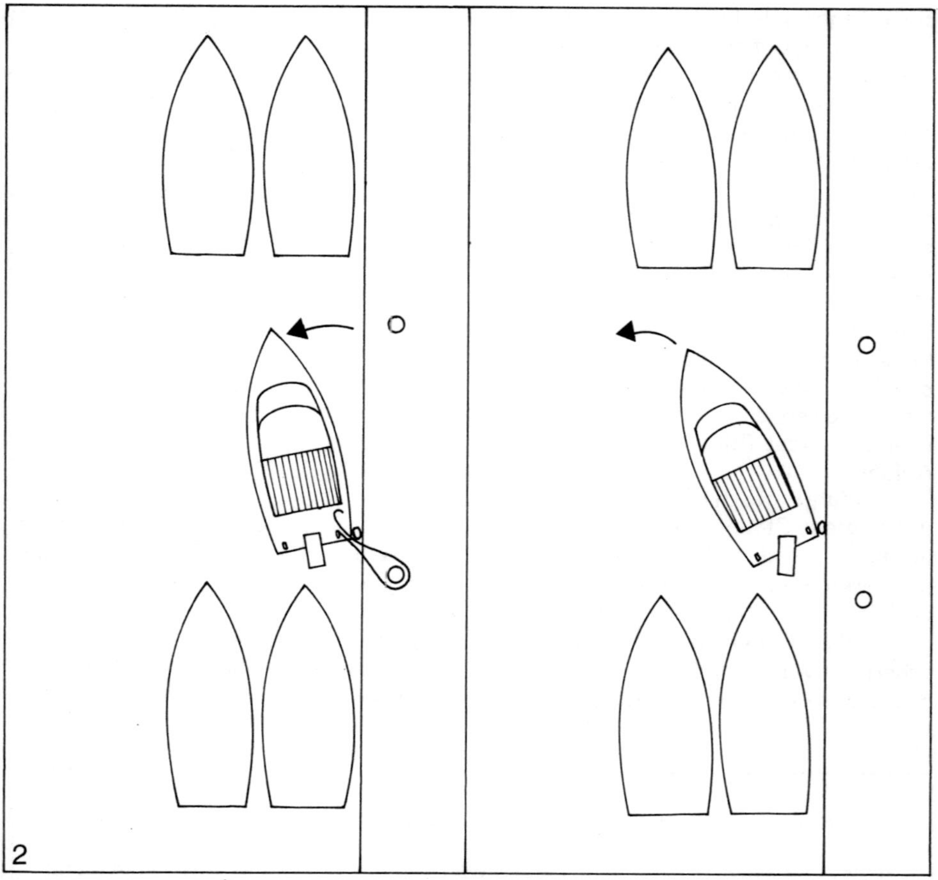

dann werden alle Leinen losgeworfen bis auf die hintere, die Achterleine; sie wird „auf Slip gelegt", das heißt sie hängt an einer Bootsklampe fest, läuft unverknotet einmal um den Poller (oder durch den Ring an der Mauer), und ihr freies Ende hält ein Mannschaftsmitglied in der Hand, so daß sie jederzeit locker- und auch losgelassen werden kann. Ein Fender schützt das Heck. Wieder stößt man den Bootsbug vom Ufer ab, ziemlich kräftig, damit er sich möglichst weit dem Wasser zudreht, nun wird die Lenkung wasserwärts eingeschlagen, die hintere Leine gelöst, der Vorwärtsgang eingelegt, kurz gasgegeben – dadurch dreht sich das Schiff noch weiter –, und die Bahn ist frei.

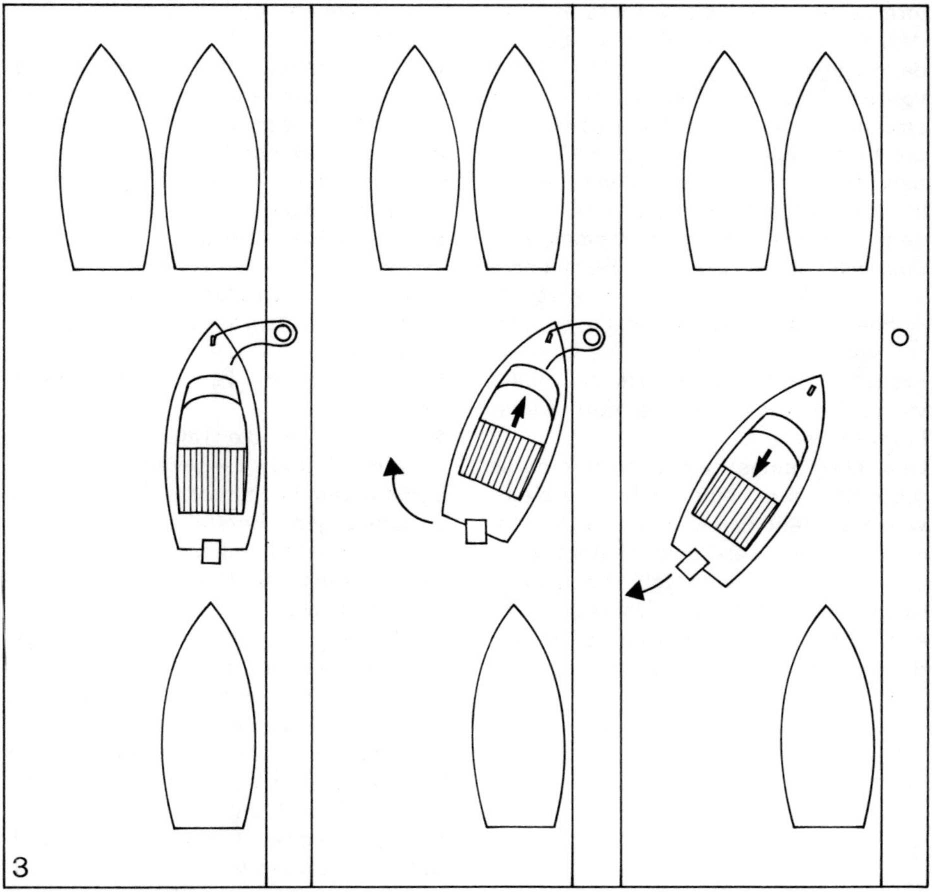

Auch nach rückwärts kommt man aus der Lücke. Rückwärts abzulegen ist insbesondere dann angezeigt, wenn Strömung oder Wind von hinten oder aufs Land zukommen. Dieses Manöver zeigt Abbildung 3:

Die vordere Leine wird – siehe oben – auf Slip gelegt, die anderen werden gelöst. Fender vorn anbringen, Lenkung zum Lande hin einschlagen. Vorwärtsgang, etwas Gas, dabei dreht sich das Heck nach außen. Hat sich's weit genug gedreht, Steuer andersherum einschlagen, Vorleine an Bord ziehen, Rückwärtsgang, Gas, Vorwärtsgang, Abfahrt.

Bei Strom und Wind von vorn oder bei ablandigem Wind läßt man die hin-

tere Leine locker, die vordere los, gibt dem Boot den schon bekannten Schubs, dann treibt es ganz von selber seitlich von der Mauer ab. Bei starker Gegenströmung ist es sinnvoll, vor dem Lösen der Leinen leichte Vorwärtsfahrt aufzunehmen (gerade soviel, daß man stehenbleibt), damit man nicht nach hinten gegen ein Hindernis geschwemmt wird. Eins wäre noch zu sagen: Beim Lösen der Achterleine empfiehlt sich sorgliche Aufmerksamkeit, widrigenfalls es nämlich vorkommt, daß sich diese Leine im Propeller verfängt; es ist ein mühevolles Unternehmen, sie dort wieder herauszuwickeln.
Und noch eines: Zwar nicht die virtuoseste, aber eine sichere Ablegeweise besteht darin, daß man sich an störenden Vorder- oder Hinterschiffen entlang ins Freie hantelt; Schrammen werden so mit großer Wahrscheinlichkeit vermieden, wenn auch auf Kosten der seemännischen Eleganz.

Das Anlegen und Festmachen von Schiffen ist verboten

- an Strombau- und Leitwerken, Pegeln, schwimmenden und festen Schiffahrtszeichen,
- an abbrüchigen Uferstellen,
- an engen und unübersichtlichen Krümmungen,
- vor Hafeneinfahrten, an Anlegestellen von Passagierschiffen oder Fähren, an Deichschleusen und -sielen, auf den Zufahrten zum Nordostseekanal,
- innerhalb von Fähr- und Brückenstrecken,
- und da, wo die Tafeln „Festmachverbot“ und „Liegeverbot“ stehen.

Sonst darf man, in malerischen Buchten, an lauschigen Uferstellen, so ziemlich überall sein Boot anhängen. Und es dort liegen lassen und dort mittagessen und dort übernachten usw.
Der Vorzug solcher Stellen vor offiziellen Liegeplätzen ist der, daß man – mehr oder weniger – allein, daß die Umgebung meist weitaus lieblicher ist und auch, daß es nichts kostet. Der Nachteil, daß es so mitten in der Natur meist an Einrichtungen der Hygiene, an warmen Duschen, Trinkwasser und auch an Supermärkten fehlt.
Überdies muß man sich fragen: Was geschieht, wenn ich mein Schiff, vorn an zwei Bäumen angeschnürt, hinten mit einem Anker festgehakt, in dieser stillen Bucht verlasse und nach drei Stunden wiederkomme? Ist mein Schiff dann noch immer da? Und ist noch alles drauf? Oder kommt einer, der glaubt, er habe es gefunden, und nimmt's mit oder räumt es aus? Was einem im siche-

ren Hafen nicht passieren kann. Meint man.
Freundliche Freunde hatten uns ihr Boot geliehen. Beziehungsweise es war ausgemacht: sie lassen es im Yachthafen von Travemünde liegen, am Steg soundsoviel, und wir, wir kommen zwei, drei Tage später und holen es ab.
Wir kamen. Es war abends um halbsechs. Das Büro des Hafenmeisters war schon zu. Wir suchten das Boot, entdeckten es, kletterten drauf, öffneten die Persenning, stiegen ein, gingen zurück zum Auto, holten, was wir mitnehmen wollten, trugen die leeren Koffer wieder zurück, gingen zum Abendessen, kamen wieder, saßen in der Kajüte, tranken Tee, schliefen, und am andern Morgen, ziemlich früh, fuhren wir los.
Das linke Nachbarboot war leer, im rechten saß ein Ehepaar, zu dem sagten wir „Gutenabend", es grüßte zurück. Niemand kannte uns, niemand hatte uns je zuvor gesehen, aber niemanden störte das. Niemand fragte uns: „Sagen Sie mal, was machen Sie hier eigentlich? Das Schiff haben am Samstag doch ganz andere Leute hergebracht."
Vielleicht hat uns niemand mit unsern Vorgängern verglichen. Vielleicht war's ihnen auch ganz wurscht. Oder sie dachten sich, als sie uns sahen: Das sind bestimmt ehrliche, seriöse Menschen. Jedenfalls, wir nahmen von dem Boot Besitz und fuhren damit fort.
So ist der Unterschied zwischen Hafen und Nichthafen wenigstens in dieser Hinsicht nur gering.
Auf die übrigen Hafendargebote freilich will man nicht verzichten, und so sieht sich der Seefahrer genötigt, doch

rotumrandet, roter Diagonalbalken:
Festmachen am Ufer verboten.

rotumrandet, roter Diagonalbalken:
Liegeverbot.

rotumrandet, roter Diagonalbalken:
Liegeverbot im angegebenen Abstand vom Ufer (hier 30 Meter).

meist oder wenigstens dann und wann, eine Marina anzulaufen. Wo die liegt und wie man hineinfährt, ist den Seekarten und regionalen Handbüchern zu entnehmen. Es gibt schöne und häßliche, wohlgepflegte und verdreckte, stille, belebte, hermetisch nach außen abgeschlossene und solche, in denen die halbe Welt herumspaziert, kleine für 70, 80 Boote und riesige für mehr als 2000, mit und ohne Werkstatt, Tankstelle, Kran und Slipgelegenheit, mit Wasserhähnen auf den Stegen und Stromanschluß für jedes Boot, mit netten und brummigen Hafenmeistern, solche, wo ein Sechsmeterboot 3, 4, 5, 6 Mark pro Nacht bezahlt, und solche, in denen Gäste eine Nacht oder drei Nächte gratis liegen dürfen.
Zahlreiche Schiffe sind schon da, größtenteils solche, die hier wohnen. Und nun kommen wir, fremde, unerwartete Gäste, fahren langsam – es gehört zum seemännischen Anstand, daß man schaukelige Bug- und Heckwellen vermeidet – in den Hafen ein. Links sind Stege, rechts sind Stege, dazwischen Platz zum Durchfahren. Es sieht aus wie auf einem Campingplatz, bloß aufgeräumter und disziplinierter, weil die Boote gezwungen sind, in Reihe und Glied zu stehen, und weil sich niemand, wie auf der Campingwiese, im schmutzigen Hafenwasser tummelt.
Hier wäre eine Lücke zwischen zwei Schiffen, da schon wieder. Wo sollen wir hin? Ist der, der hierhergehört, grade verreist, oder kommt er in zehn Minuten? In manchen Häfen steht irgendwo ein Schild: „Gästeliegeplätze“, in

Nautischer Sprachführer zum Thema „Yachthafen“

Deichsielen	(an denen man nicht anlegen darf) sind Entwässerungsgräben im Tidengebiet mit einer Schleuse, die sich bei steigendem Außenwasser selbsttätig schließt und bei Niedrigwasser aufgeht. Die Einzahl heißt: das Siel.
Hafenmeister	der Verwalter des Hafens, der das Geld kassiert, die Liegeplätze anweist und für Ordnung sorgt. In größeren Häfen nennt man ihn „Hafenkapitän“.
Marina	soviel wie Yachthafen, beziehungsweise besserer Yachthafen mit Tank- und Einkaufsmöglichkeit.
Slipanlage	eine abschüssige Gleit- oder auch Schienenbahn, auf der man größere Boote ins Wasser und aus dem Wasser bringt. Das Wort kommt von englisch „to slip“ = „schlüpfen, gleiten“.

den meisten nicht. Auch Pappdeckeltafeln an den leeren Plätzen „Frei bis 19. August“ wären nicht dumm, sind aber ungebräuchlich.
Wir entschließen uns, in eine Lücke einzufahren, machen unser Schiff provisorisch fest, und ich begebe mich zum Hafenmeister.
„So, am Steg 4, Platz 13 stehen Sie“, sagt der, „ja, das ist der von Kuchler. Ja, was ist denn mit dem? Ob der wohl noch kommt?“
Er überlegt, kommt aber zu keinem Schluß.
„Bleiben Sie mal da“, rät er mir. „Oder ist 15 frei? Das wäre besser. Wenn nicht, einfach stehenbleiben und draufankommen lassen.“
15 ist frei, wir wechseln den Platz und lassen es nicht drauf ankommen, daß der von Kuchler uns mitten bei der Nacht verscheucht.
Da sind wir dann, räumen unser Schiff ein bißchen auf, knöpfen das Zelttuch ringsum zu, gehen in die Stadt, kaufen ein, kochen uns was zu Abend.
Yachthäfen unterscheiden sich von Campingplätzen dadurch, daß sie mehr Parkplätze sind als gemütliche Aufenthaltsorte. Eigene Strände, wie sie bessere Campingplätze haben, Liege- und Ballspielwiesen, Sandgruben für Kinder und dergleichen sind nicht vorhanden, Kaimauern und Stege zum Verweilen ungeeignet. Während sich das Wohnwagenleben tagsüber vorwiegend vor dem Caravan abspielt, bleibt der Seemann, viel häuslicher als der Campeur, auf seinem Schiff, sitzt an Deck oder in der Kajüte, besucht seine Nachbarn; oder er geht fort, wandert zum Badestrand oder ins Wirtshaus.
Die Romantik des Yachthafenlebens hält sich in Grenzen.

Jahr im Hafen

Ein Gästeplätzchen für zwei Nächte oder drei ist in der Regel wohl irgendwo zu finden. Weitaus prekärer wird die Situation, wenn man einen Heimathafen braucht und ein Geviert darin, in dem das Boot die ferienlose Liegezeit verbringen kann. Am Mittelmeer, in Südfrankreich und in Italien, wurden und werden neue Großmarinaanlagen gebaut. An den deutschen Küsten und im Binnenlande aber sieht es übel aus. Hafenmeister und Yachtvereine, die man fragt, bedauern wie aus einem Munde: Leider nichts mehr frei.

Es bleibt dem angehenden Seefahrer nichts übrig, als, in der Hoffnung auf unverdientes Glück und ohne kapriziöse Fixierung auf einen Platz grade in dieser oder jener Gegend, mit soundsovielen Bootsclubs zu korrespondieren, nach dem Süden zu verreisen, Zeitungen und Bootszeitschriften zu lesen oder gar Annoncen aufzugeben – wie es da und dort geschieht – des Inhalts: „Biete 1500,– DM für die Vermittlung eines Liegeplatzes."

Was ein Liegeplatz kostet, hängt ab vom Revier, von der Nachfrage, die dort herrscht, und nicht zuletzt von der persönlichen Unverschämt- oder Bescheidenheit des Hafeneigentümers.

Hier zahlt man 3 Mark 20 pro Quadratmeter Wasser und Monat, da kostet der Zentimeter Bootsbreite 1 Mark 50 im Jahr, dort der Meter Länge 12 Mark 50 monatlich.

Im nächsten Hafen wollen sie 10 000 Mark Mietvorauszahlung für 10 Jahre und ein paarhundert Mark an Unkosten pro Jahr, im übernächsten ist mit einem Mitgliedsbeitrag von 150 Mark und einer einmaligen Beitrittsgebühr von 200, 300 (plus etwas kameradschaftliche Handarbeit) alles abgegolten.

Der weitblickende Skipper besorgt sich erst den Liegeplatz und dann das Boot; widrigenfalls es ihm passieren kann, daß er sein Schiff am Rand der Behringstraße parken muß oder im Swimming-Pool im eigenen Garten.

Ein Schlauchboot läßt sich ziemlich mühelos ins Wasser bringen, wo immer man gern damit fahren möchte.

Der Yachtbesitzer hat's da schwerer: Er benötigt einen Kran und, will er wieder aus dem Wasser, einen zweiten.

Um ein Kajütboot zu transportieren, braucht man – mindestens – einen Anhänger und ein zugkräftiges Auto.

Das Schlauchboot paßt samt Motor in den Wagen – wenn auch nicht in jeden.

Dafür – so gleicht sich's aus – lebt eine Yachtfamilie auf dem Wasser so (oben: Marco 920, 9 Meter 20 lang, 3,15 breit und zirka 80 000 DM teuer) – oder, für knappe 135 000 Mark, in der Sea Ray Sedan Bridge (unten), gleich so.

Im mühelos tragbaren, leicht transportablen Schlauchboot aber sitzt sie so.

Ein Benehmen!

Es ziert den Menschen ungemein, wenn er sich stets gewandt und tadelsfrei benimmt, Damen die Hände küßt, im Lift den Hut abnimmt, weder beim Trinken schlürft noch nennenswert beim Essen schmatzt und beim Passieren einer Tür höflich: „Bitte nach Ihnen" sagt.
Die Seemannssitten sind nicht alle rauh, auch zuschiff gibt es den guten Ton.
Zum Beispiel wäre es grundverkehrt und würde jeden Zuhörer befremden, wenn man einem Schiff, dem man begegnet, als freundlichen Gruß „Ahoi!" zuriefe. „Ahoi" ist auch kein Schlachtschrei und kein Segenswunsch: es heißt nicht mehr als „Hallo!" oder „He Sie!" und dient zum Anruf eines Bootes, mit dessen Insassen man sprechen möchte; wobei es die ganz feine Art erfordert, daß man den Ahoi-Schrei auf den Bootsnamen des Angerufenen folgen läßt: „Rumpelstilzchen, ahoi!"
Fender hängen nicht während der ganzen Seefahrt über Bord, sondern nur, wenn man sie – beim Anlegen und Anliegen – benötigt, Schnüre, Leinen gehören aufgeräumt, und auch im Hafen läßt man sie weder kreuz noch quer an Land und Deck herumliegen (und nicht im Wasser schwimmen, wo sie sich in fremde Schrauben winden können); säuberlich geordnet, zu Girlanden geschlungen, sind sie beinah ein Schmuck des Boots.
Von ganz besonderer Wichtigkeit ist der korrekte Umgang mit den Flaggen, für die der Seemann ein beinahe fetischistisches Gefühl empfindet.

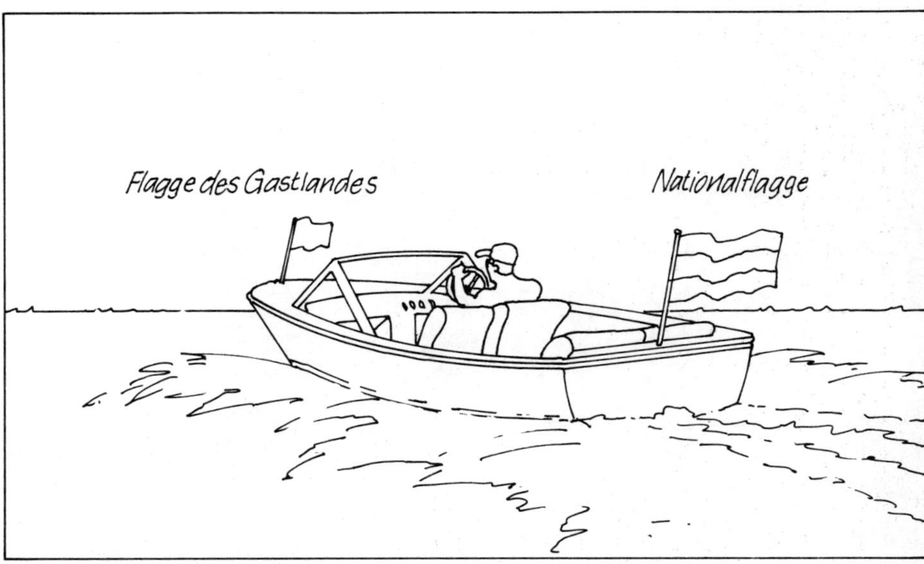

Beflaggung eines kleinen Bootes.

So schickt es sich beispielsweise, daß man die nationale Flagge seines Vaterlandes führt (im Inland reicht die Flagge des DMYV, falls man sein Mitglied ist). Die Nationalflagge wird nicht irgendwo, sondern in der Mitte des Hecks geführt, wo sich eine Buchse befindet, in die man den Flaggenstock stecken kann. Sie hat dort in der warmen Jahreszeit zwischen 1. Mai und 30. September von 8 Uhr früh bis Sonnenuntergang zu wehen; im Winterhalbjahr wird sie erst um 9 gehißt. Abends muß sie, bei schlechtem Wetter und auch außer Landsicht darf sie abgenommen werden, trifft man jedoch unterwegs ein Kriegsschiff, hat man sie sofort wieder zu setzen (widrigenfalls die Krieger wahrscheinlich gleich schießen).

Vorn am Bug wehe der Stander des Vereins, bei welchem die Yacht eingetragen ist, und zwar rund um die Uhr, bei Tag und Nacht.

Fährt man in ausländischen Gewässern, dann erheischt es die maritime Höflichkeit, daß man beim Einlaufen in einen Hafen und auch solang man sich im Hafen aufhält, die Flagge des betreffenden Auslandes führt. Sie wird an der Steuerbordseite des Schiffes angebracht (rechts also); mastlose Sportboote stekken sie vorne an den Bug (nachdem sie ihr Vereinsfähnlein abgenommen haben).

Diese „Gastflagge" soll, damit sich die Gastgebernation nicht gleich beleidigt fühlt, weder zu winzig sein noch allzu dreckig noch in stärkerem Maße ausge-

Nautischer Sprachführer zum Thema „Flaggen“

heißen — soviel wie „hissen“: eine Flagge – oder ein Segel – hochziehen. Das Gegenteil ist „niederholen“.

Signalflagge — Flagge mit Signalbedeutung, im internationalen Signalbuch festgelegt. Zum Beispiel:

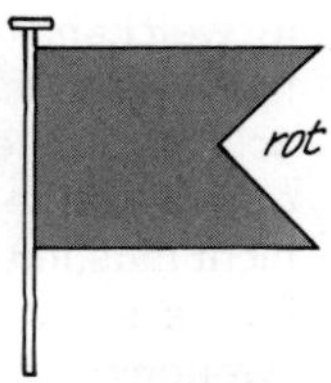

gefährliche Ladung an Bord.

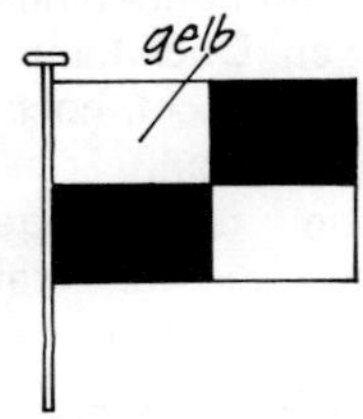

Stoppen Sie! (wird von der Polizei verwendet).

Stander — dreieckige Flagge, Verhältnis Höhe zu Länge = 2 : 3.

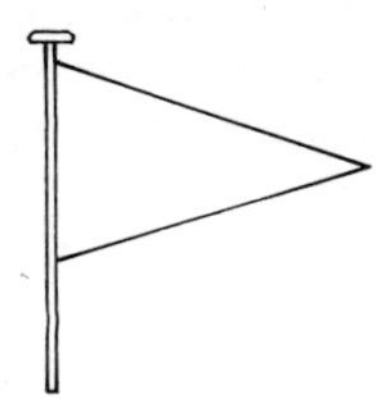

Doppelstander — viereckige, ausgezackte Flagge.

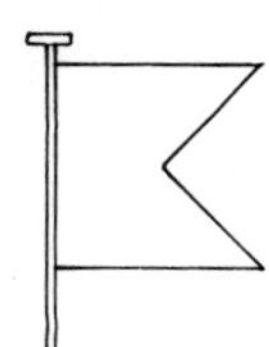

Wimpel — lange, schmale, spitz zulaufende Flagge; ein Stander ist ein kurzer Wimpel.

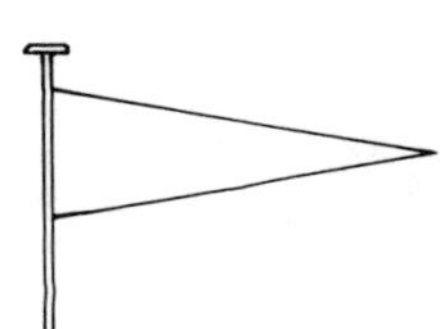

franst. Spanier, Griechen und insbesondere Türken, hört man, sind darin ganz überaus empfindlich.
Phantasieflaggen mit Totenköpfen, nackten Damen und dergleichen drauf führt ein seriöser Skipper nie, auch kommt er nicht auf die – im Grund sehr praktische – Idee, am Fahnenmast seine Wäsche zu trocknen. Doch kann er sich, wenn es ihm Freude macht, noch zweier anderer Tücher bedienen:
Die kleine, blaue, rechteckige „Abwesenheitsflagge", die im Hafen an Steuerbord getragen wird, besagt: „Ich bin im Moment nicht an Bord."
Die ebenfalls rechteckige, aber weiße „Eigner-Dinnerflagge" wird gesetzt, während der Kapitän zu Mittag speist. Sie bedeutet weniger: „Falls Sie auch Hunger haben, kommen Sie doch herein", als: „Bitte, lassen Sie mir meine Ruhe."

Klar bei Anker!

So spricht der Kapitän zu seiner Mannschaft, wenn er wünscht, daß sie den Anker in das Wasser wirft. Zuvor hat er sein Schiff gegen den Wind – oder die Strömung – gelenkt, nun stoppt er, das Boot fängt an, nach hinten zu treiben, unterstützt eventuell vom Rückwärtsgang, und dies ist der Moment, in welchem man den Anker über Bord läßt, vorn am Bug. Wobei man darauf achtet, daß erstens die Ankerleine an einer Klampe belegt ist, damit der Anker nicht mitsamt dem Seil unwiederauffindbar verschwindet, und daß sich die Leine zweitens, schön geordnet, unverschlungen, ohne Wuling, wie der Seemann sagt, abspulen kann; denn es gibt Situationen – Motor will nicht, Schiff treibt auf harte Felsen zu – wo es pressiert.
Die Wassertiefe kennt man aus der Seekarte, sagen wir: 4, 5 Meter, und dazu weiß man: eine zu kurze Ankerleine hätte wenig Wert, durch die Schaukel- und Nickbewegungen des Bootes würde der Anker zu leicht aus dem Grund herausgerissen; die Ankerleine soll dreimal, viermal, fünfmal, sechsmal, achtmal, zehnmal so lang sein wie das Wasser tief – die Angaben schwanken, die Mehrzahl der Experten meint, so sechsmal reicht; dann wären in unserm Fall zirka 30 Meter nötig.
Wer eine Anker-Kette hat statt einer Anker-Leine, kommt mit weniger Metern aus; wer nicht, ist mit einem „Kettenvorlauf" (= 2 Meter Kette zwischen Ankerseil und Anker) gut bedient; das Kettenstück sorgt, da es schwer ist und nicht schwimmt, dafür, daß der Zug horizontal, nicht nach schräg oben, auf den Anker wirkt.

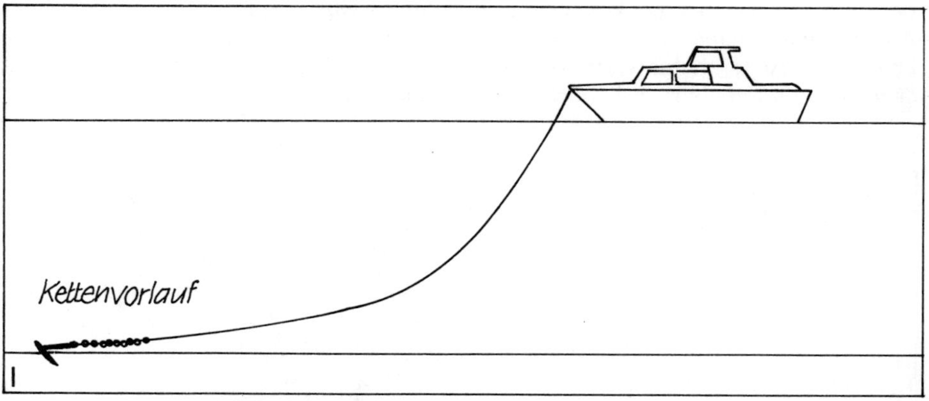

So, bei einer Leinenlänge, die der mehrfachen Wassertiefe entspricht, kann der Anker festhalten.

Nun ist der Anker versunken, Leine genug im Wasser, das Schiff treibt weiterhin in Windrichtung nach rückwärts, dabei gräbt sich der Anker mit seinen Ärmchen in den Meeresgrund ein, und die Leine strafft sich. Oder nicht, dann hat der Anker nicht gegriffen und schleift über dem Grund dahin. Wahrscheinlich deshalb, weil ihm der Boden nicht recht paßt: harter Schlick, dichter Pflanzenbewuchs sind schlecht (Sand gut); vielleicht ist er auch bloß nicht richtig gelandet, und ein zweiter Versuch bringt besseren Erfolg.

Hat das Schiff genügend Platz zum Schwoien, reicht der eine Anker, ebenso wenn man mit dem Heck (oder Bug) an einer Hafenmauer festmacht; sonst wird sich's oft empfehlen, zwei Anker, einen bug- und einen heckwärts, auszubringen.

Nun kann man nie völlig sicher sein, daß der Anker auch auf die Dauer hält. Vor unerwünschten Ortsveränderungen schützt man sich dadurch, daß man von Zeit zu Zeit eine sogenannte Deckpeilung vornimmt. Dies klingt anspruchsvoller als es ist. Die Deckpeilung besteht aus nichts als aus zwei Blicken, die man in die Umgebung wirft, auf markante Bäume, Türme, Felsen, Häuser und dergleichen, und daraus, daß man sich die Lage dieser Punkte zum Boot und zueinander merkt (oder notiert). Verändert sich die Lage, „wandert die Peilung aus" – und nicht bloß geringfügig, weil das Schiff schwoit –, wäre ein neuer Ankerungsversuch zu unternehmen.

Irgendwann will man weiter; dann muß der Anker gelichtet werden. Im Prinzip geht das durchaus einfach: Man zieht das Boot mit den Händen am Tau entlang dem Anker zu (oder fährt langsam mit Motor), der Mann vorn holt die Ankertrosse ein, schließlich befindet sich der Bug des Bootes senkrecht überm Anker, der Vormann zieht kräftig an der Leine, der Anker richtet sich auf, löst sich vom Grund, läßt sich nach oben heben, wird von Schlamm und Sand gereinigt, und das Boot (dessen Motor während des Manövers im Leerlauf lief) fährt ab.

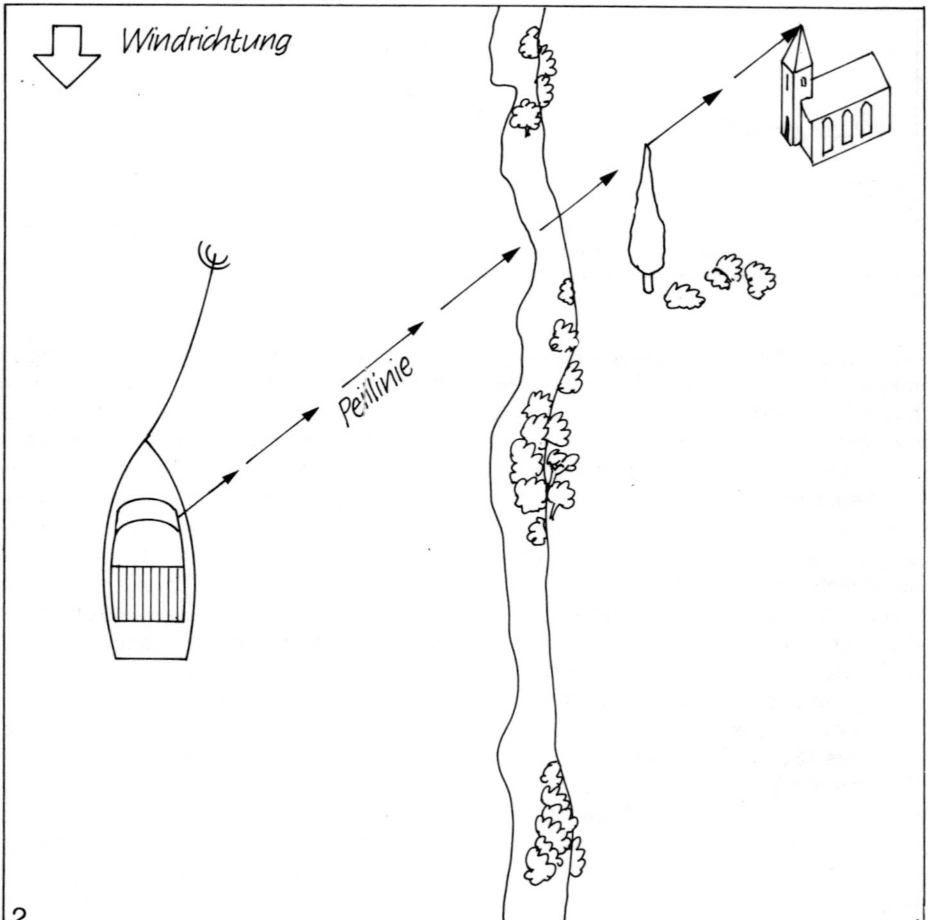

Deckpeilung. Wer sich die Lage zweier Objekte zueinander und zum Boot merkt, kann mühelos prüfen, ob er sich noch am ursprünglichen Ankerort befindet.

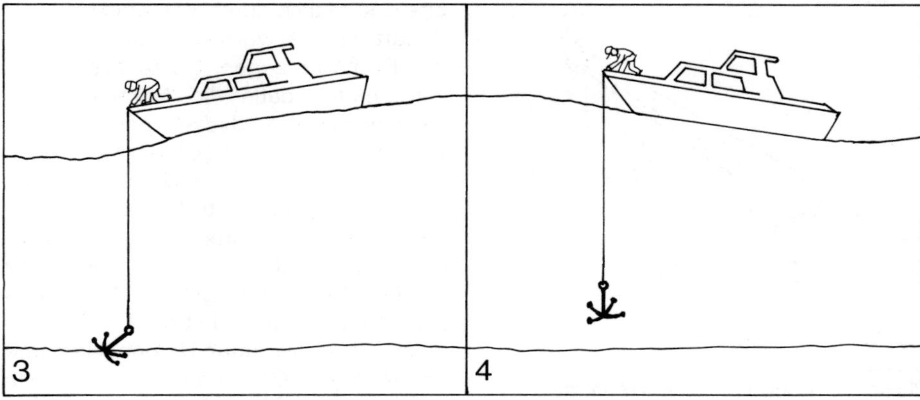

Die Welle kann beim Ankerlösen helfen.

Manchmal will das nicht funktionieren, alles Zerren, Reißen, Rucken nützt nichts, der Anker sitzt fest, er hat sich eingefressen, läßt sich nicht bewegen. Oder er hat sich, in übervollen Häfen, in Nachbarketten verhakt, in einer Felsenbucht verklemmt.

Im Fall eins wird geraten, das Boot als Hebel zu benutzen: das Ankertau wird schnell an Bord belegt, wenn die Schiffsnase in ein Wellental getaucht ist, drauf folgt der Wellenberg, der Bootsbug steigt nach oben, der Anker wird ausgerissen. Ohne Wellen läßt sich der

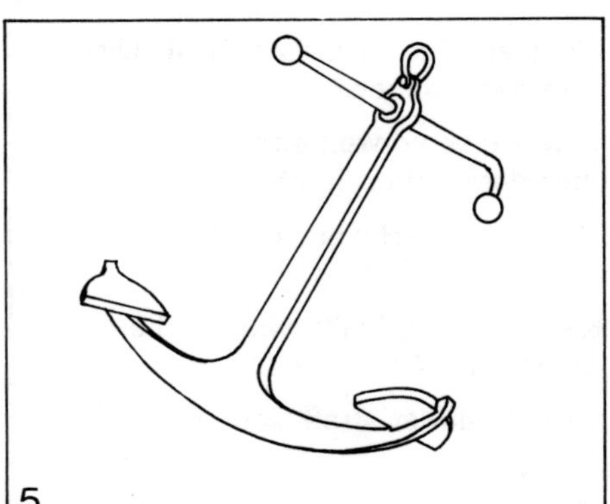

Stock- oder Admiralitätsanker. Er hält gut auch in felsigem und verkrautetem Grund. Aber er ist sehr schwer.

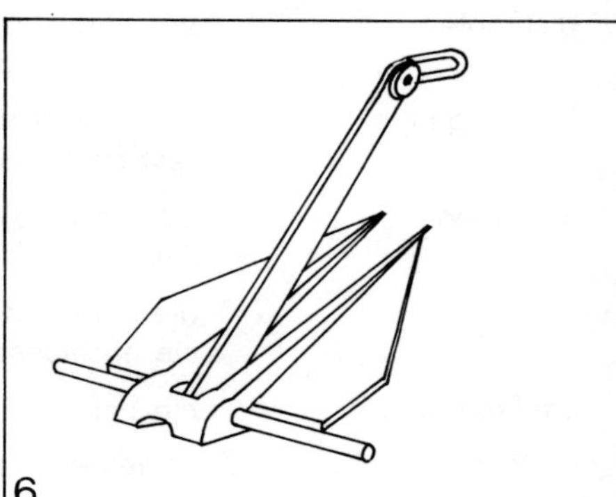

Danforth-Anker, gräbt sich gut ein, hält auch im Schlick.

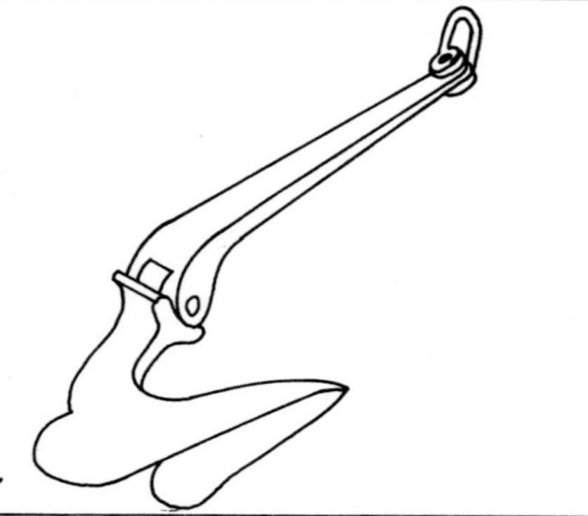
7

Pflugschar-Anker, ein besonders leichter, dennoch gut haltender Ankertyp.

Effekt künstlich durch Versammlung der Besatzung erst vorn und dann im Heck des Boots erzeugen. Sollte das erfolglos bleiben, dann die Ankerleine ein klein wenig lockerlassen und belegen, Vorwärtsgang, kräftiger Gasstoß, dann wird der Anker hoffentlich ausgehoben. Falls alles dies nichts hilft und in den Fällen zwei und drei taucht der Seemann furchtlos ins Wasser hinab zu seinem Anker und gräbt ihn mit den Händen aus oder fädelt die Leinen auseinander. In dreckigen Hafenbecken und schlammigen Gezeitenflüssen ist dies ein anmutiges Vergnügen.

Nautischer Sprachführer zum Thema „Ankern"

auffieren	eine Leine fiert man auf, das heißt, nochmals seemännisch gesagt, man gibt ihr Lose; zu deutsch: man läßt sie fahren.
auf und nieder	die Ankerleine steht „auf und nieder" heißt: sie steht senkrecht.
dichtholen	ein Ende, das heißt ein Tau holt man dicht. Dichtholen ist soviel wie heranziehen.
kurzstag holen	die Ankerkette bzw. -leine so weit einholen, daß sie fast senkrecht über dem Anker steht.
schwoien	oder schwojen. Ein Schiff schwoit, dreht sich (vor Anker) im Wind und in der Strömung.
stecken	die Leine oder Kette stecken heißt, wie „auffieren", sie nachlassen, fahren lassen.
steifkommen	die Leine kommt steif, sie ist straff gespannt.
vertörnen	soviel wie verdrehen.
Wuling	oder auch Wuhling, ein Durcheinander, zum Beispiel im Tauwerk.

Landmensch & Seemannsknoten

Bleibt der Erfolg selbst dabei aus, dann ergreift man ein scharfes Messer und schneidet die Leine durch. Ausgesprochen gut ist dieser Ratschlag freilich nicht: selbst ein lumpiger Anker kostet nicht viel weniger als 50 Mark.

Wer nur sein Auto parkt, braucht nicht viel mehr zu tun, als die Handbremse an-, den Schlüssel abzuziehen und die Türen zuzusperren. Vom Seemann wird Schwierigeres verlangt, nämlich daß er sein Schiff da, wo er's wiederfinden möchte, festmacht. Zu deutsch: anbindet, auf seemännisch: mit Hilfe eines Steks, eines Knotens. Kein anderer Sport- und Berufsstand – Alpinisten vielleicht ausgenommen – kommt dem Seefahrer in der Kunst des Knotenknüpfens gleich.

Die wesentlichen Eigenschaften eines Seemannsknotens, die diesen deutlich von selbsterdachten Knöpfen unterscheiden, sind es, daß er, erstens, vorzüglich hält, sogar bei Wind und Wellengang, daß er sich, zweitens, auch wenn er naß wurde, schwert- und verhältnismäßig mühelos wieder aufmachen läßt und drittens, daß schon kleinste Fehler, die einem beim Knüpfen unterlaufen, zum völligen Mißlingen des Knotens führen.

Es gibt schier unzählige Seemannsknoten, wahre Wunderwerke, und der Landmensch, der sich dranmacht, auch bloß ein Dutzend von ihnen zu studieren, stellt alsbald fest, daß er sie binnen kurzem allesamt wieder vergessen hat. So ist es sinnvoll, sich bereits beim Lernen zu bescheiden: Wer wenig kann, vergißt auch wenig.

Hier nun sieht man in Wort und Skizze, leichtfaßlich vorgeführt, die wichtigsten und die zweitwichtigsten Knoten. Man sollte sie, wenn schon nicht im Schlaf, so doch im wachen Zustand einigermaßen flott und richtig binden können (zumal da sie auch in der Sportboot-

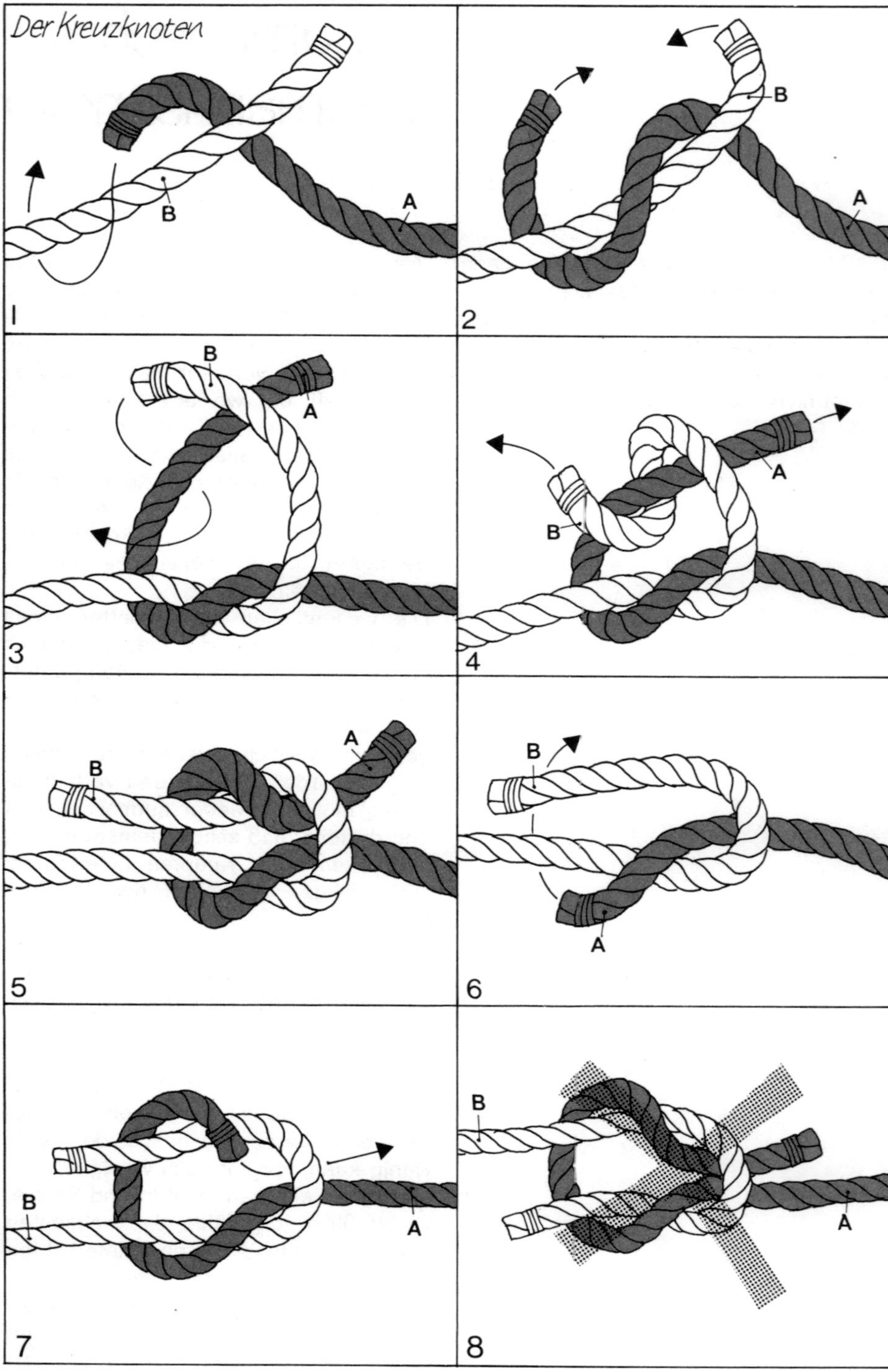
Der Kreuzknoten
A
B
1
A
B
2
B
A
3
A
B
4
A
B
5
B
A
6
B
A
7
B
A
8

scheinprüfung verlangt werden); dies aber läßt sich, wie so vieles, nur erreichen, indem man unermüdlich übt – am besten schon während man dies Kapitel liest. Man nehme deshalb, bitte, ein Stück Schnur zurhand.
Zur Ermunterung mag noch dienen, daß in den Bootskaskoversicherungsbedingungen steht: „Schäden, die durch mangelhafte Vertäuung entstehen, werden nicht ersetzt."

Der Kreuzknoten
Es tritt bisweilen, auch zulande, das Bedürfnis auf, aus zwei zu kurzen Schnüren eine längere zu machen. Dazu benötigt man den Kreuzknoten. Herstellen läßt sich der auf zweierlei Weise: Man kann ihn knüpfen (was die elegantere Methode ist) und kann ihn stecken.
Knüpfen wir!
Bild 1: Der erste Schritt ist ganz genau derselbe wie beim Binden eines Schuhbands: Die beiden Enden A und B werden überkreuzt
und dann, Bild 2, das eine (A) ums andere herumgeschlungen.
Bild 3: Nun geschieht fast dasselbe noch einmal: Wieder werden die beiden Enden überkreuz getan, aber: Lag vorhin, Bild 1, das Schnurende (A), das in der rechten Hand gehalten und ums andere geschlungen wurde, hinten, so liegt jetzt das rechte Ende (nunmehr B) vorn. Wer das nicht beachtet, dem fällt der Knoten sofort wieder auseinander.
Bild 4: Wieder wird nach Schnürbandweise ein Ende um das andere gewunden,
und der Kreuzknoten ist geknüpft – Bild 5.

Mancher begreift das nur schwer. Er tut sich möglicherweise leichter, wenn er den Knoten steckt. Das geht folgendermaßen:
Bild 6: Man legt eine sogenannte Bucht (B), ergreift das andere freie Ende A und führt's von unten in die Bucht hinein, respektive durch sie hindurch,
läßt es unten um die Schenkel der Bucht herumlaufen (Bild 7), wieder in die Bucht hineintauchen und auf dem Weg, auf dem es kam, zurückkehren.
Obacht jedoch: Die beiden kurzen freien Enden müssen zum Schluß auf derselben Knotenseite liegen, so wie im Bild 5. Tun sie das nicht, wie in der Skizze 8, wird sich der Knoten lösen, sobald jemand daran zieht.
Freilich, auch richtig geknüpft, hält er nicht in glattem Kunstfasertauwerk. Und auch dann nicht, wenn die beiden Leinen in ihren Stärken zu sehr voneinander abweichen. Dann schlüpft die dünne Leine aus der dicken.

Der Schotstek
Um dem vorzubeugen, macht man in einem solchen Fall statt eines Kreuzknotens den Schotstek.
Wieder legt man eine Bucht (B), und wieder fädelt man die (dünne) Leine A in diese (Skizze 1).
Bild 2: Der Unterschied zum Kreuzknoten besteht darin, daß hier das freie Ende A nicht so, wie es kam, aus der Bucht herausläuft, sondern unter den festen A-Teil schlüpft und von ihm eingeklemmt wird.
Bild 3 zeigt den doppelten Schotstek, der entsteht, wenn man das freie Ende A noch einmal um die Bucht wickelt und

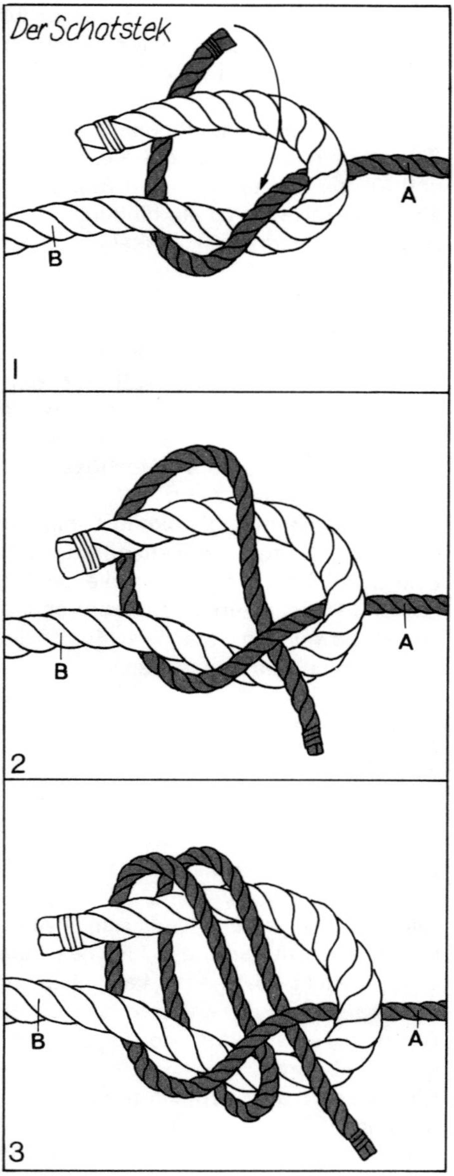

nochmals unter die A-Leine schiebt. Beherzigenswert bei allem glatten Kunstfasertauwerk.

Der Palstek

Er ist der ideale, universale Knoten für nahezu alle nautischen Gelegenheiten; damit kann man sein Schiff an einen Pfahl (daher der Name: „Palstek" oder auch „Pahlstek", mit „h" = „Pfahlknoten") binden, kann man Rettungsringe oder Passagiere, die man nicht verlieren will, an Deck verknoten, sogar zwei Leinen könnte man – falls man den Kreuzknoten vergessen hätte – durch den Palstek miteinander verbinden. Kurzum, wer ihn beherrscht, der darf, gleich nach der Sportbootprüfung, so ziemlich alle anderen vergessen.

Dem Palstek geht der Ruf voraus, er sei ein bißchen schwierig. Das scheint jedoch nur so. Man braucht sich bloß eine kleine Geschichte – eine Fabel fast – zu merken und vergißt ihn zeitlebens nicht mehr.

Es war – Bild 1 – einmal ein See. Dieser See wird, pantomimisch gewissermaßen, durch ein Auge in der Leine dargestellt, wobei darauf zu achten ist, daß das freie Leinenende über das feste läuft, nicht etwa darunter, sonst gelingt der Palstek nie.

In diesem See lebte eine Schlange (das freie Leinenende), und diese Schlange kam eines Tages aus dem See heraus, Bild 2, kroch um einen Baum (das feste Leinenteil) herum und begab sich, Bild 3, wieder in den See zurück.

Die Moral von der Geschichte liegt darin, daß nunmehr, wenn man oben und unten an der Schlinge zieht, der Knoten

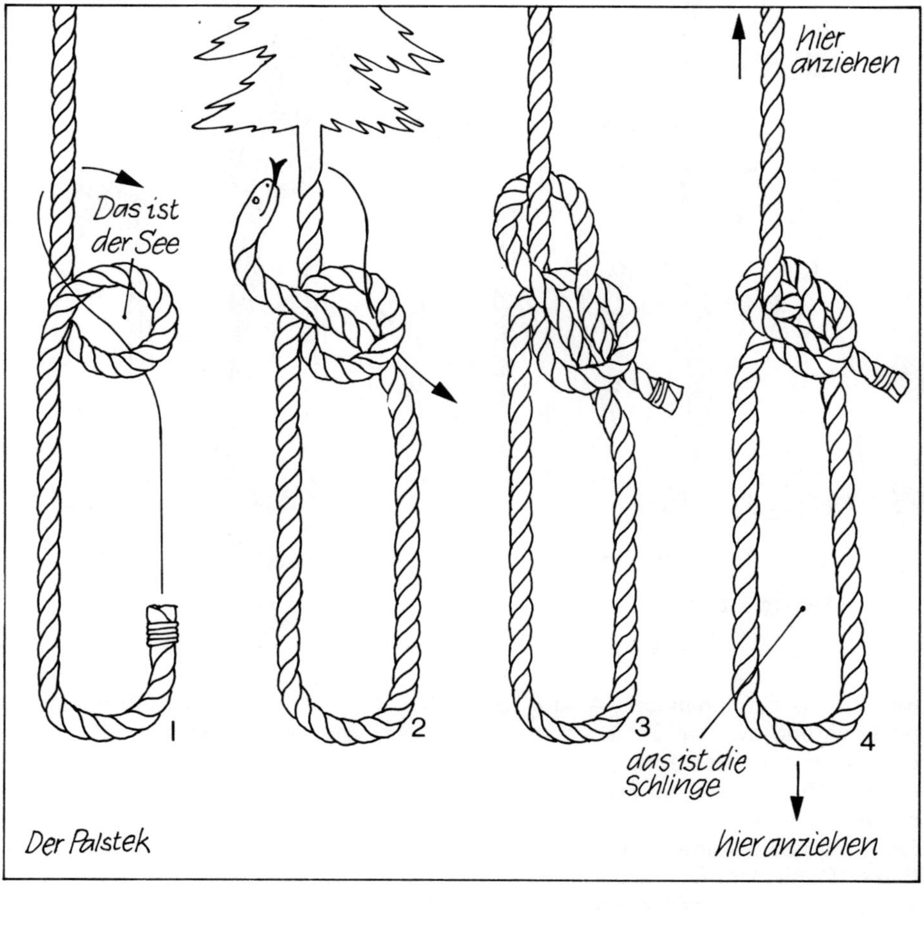

fertig ist und daß sich diese Schlinge weder ausweitet noch zusammenzieht, sondern ihre Größe unverrückbar behält.

Der doppelte Palstek

Leider hat auch der Palstek einen Fehler: Er hält dann nicht recht, wenn die Leine aus glattem, glitschigem, rutschigem Kunststoff besteht. Wer sein Schiff mit solchen Leinen ausrüstet, hat es sich selber zuzuschreiben, daß er nun auch den doppelten Palstek lernen muß.

Bild 1: Auch er beginnt mit einem Auge (freies Ende oben!) wie sein einfacher Bruder, nur liegt hier die Leine doppelt.

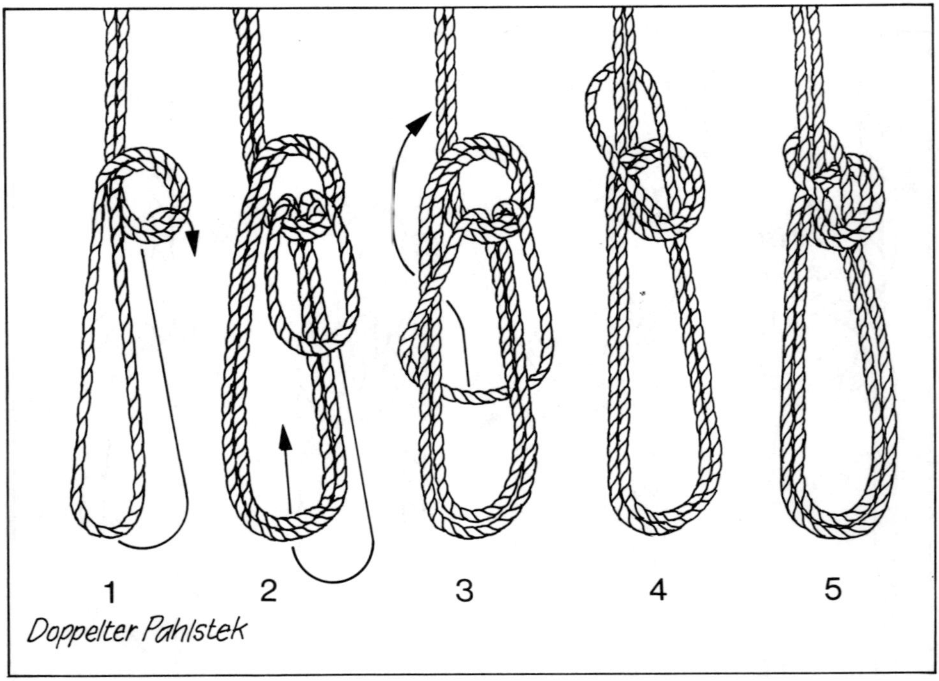

Bild 2: Das Schlingenende A wird umgebogen und, wie die Schlange vorhin, durch das Auge gesteckt,
sodann, Bild 3, über die Schlinge B gestülpt und in Pfeilrichtung nach oben geführt, bis übers Auge – Bild 4.
Bild 5: Dann zieht man am Ende C und an der Schlinge B den Knoten fest.

Der Webeleinstek

Er dient dazu, daß man – weswegen er auch „Mastwurf" heißt – sein Boot damit an einen Mast, Pfahl oder Poller bindet. Sein Vorzug: er ist schnell und ohne Mühe anzufertigen, und hält gut, sofern der Mast nicht allzu dick ist.

Bild 1: Man schlingt ein Auge in die Leine, und zwar diesmal so, daß das freie Ende unten liegt und nicht zu kurz ist. Dieses Auge wird über den Pfahl gestülpt.
Bild 2: Es folgt ein zweites, ebensolches Auge.
Bild 3: und auch dieses kommt über den Pfahl.
Bild 4: Der nun noch überstehende Rest des freien Endes wird mit zwei halben Schlägen ums feste herumgeschlungen, und das Boot ist festgemacht.
In Fällen, wo der Pfahl einen Steg trägt oder so hoch ist, daß man das Auge nicht darüberwerfen kann, wird der Webeleinstek nicht gestülpt, sondern

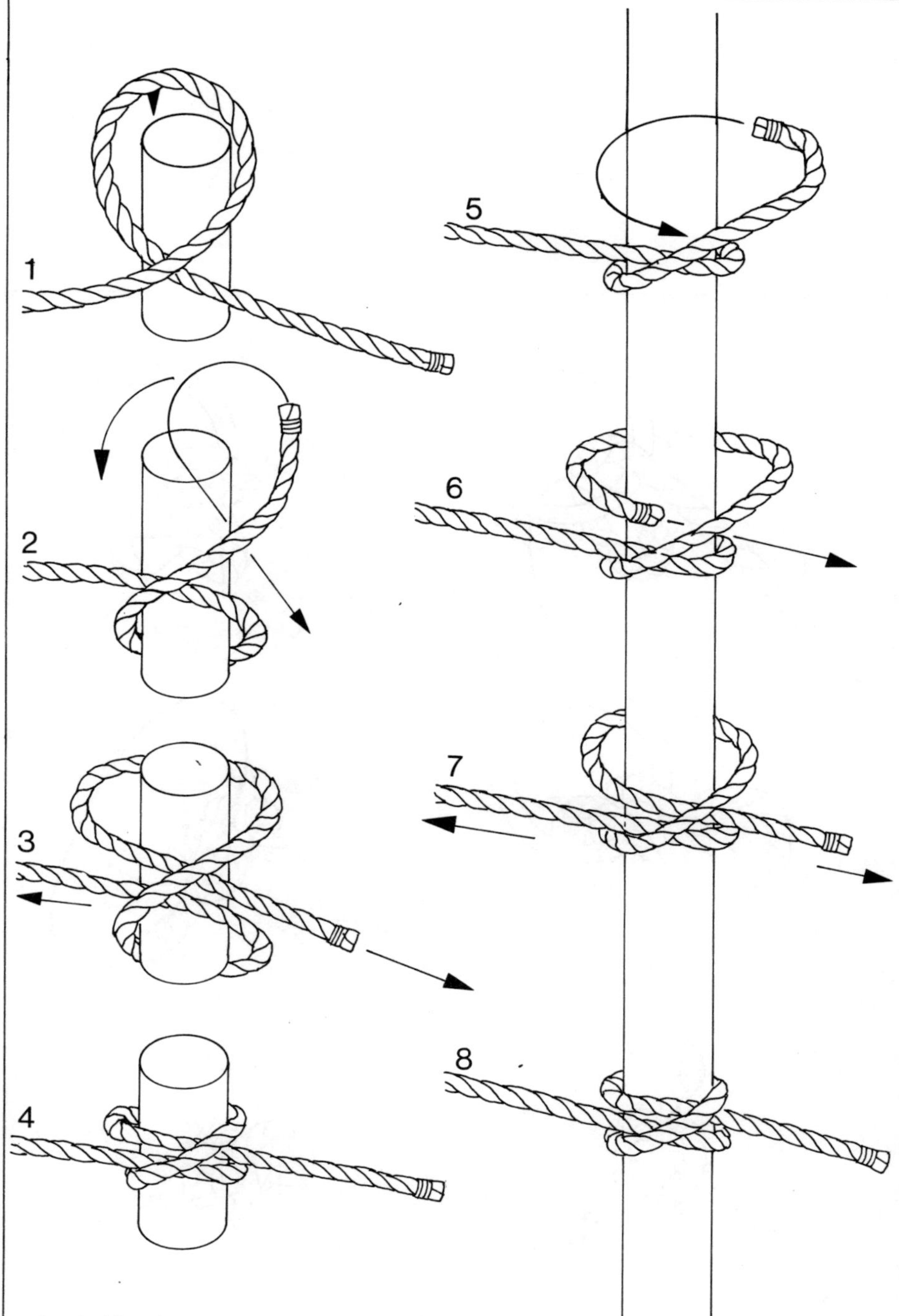

Der Webeleinstek

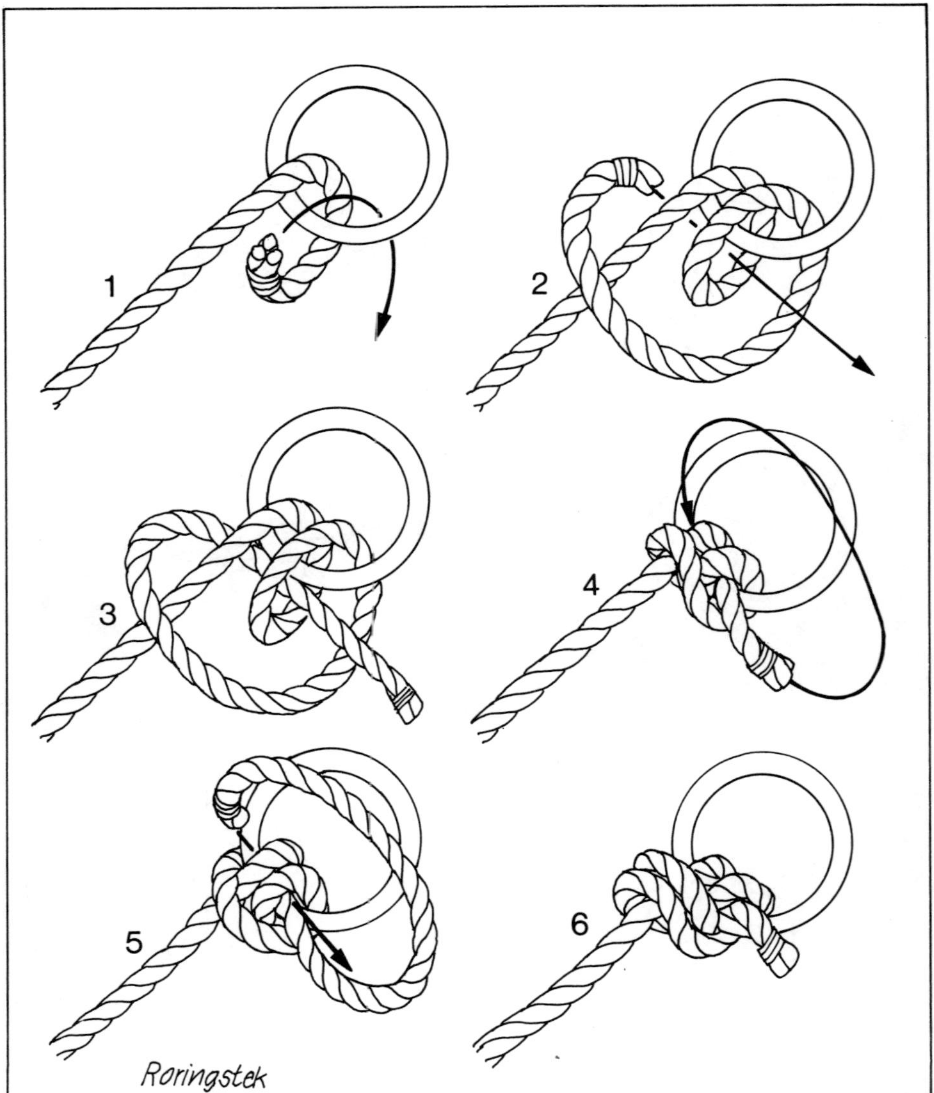
1
2
3
4
5
6
Roringstek

gebunden – was die Skizzen 5 bis 8 demonstrieren.

Der Roringstek

Kaimauern sind des öfteren mit Ringen ausgestattet, an die das Schiff zu hängen ist; auch kleine Boote haben Ringe zum Befestigen der Leinen.

Man kann die Leine mit Hilfe eines Palsteks an den Ring anmachen; der gepflegte Seemann bedient sich des Roringsteks und knüpft ihn folgendermaßen:

Bild 1: Er steckt das freie Leinenende von obenaußenher durch den Ring,

tut – Bild 2 – dasselbe noch einmal, führt dann das freie Ende übers lange Leinenstück hinweg, schiebt es, Bild 3, unter diesem und auch durch die Schlinge durch

Bild 4: und zieht das Ganze fest.

Bild 5: Wer will, führt das freie Ende noch einmal zurück und nochmals durch die Schlingen, womit ihm,

Bild 6, der doppelte Roringstek gelungen ist.

Vorsicht aber: Der Roringstek hält um so schlechter, je plastikglatter die Leinen sind!

Die Klampe

Die Klampe ist kein Knoten, sondern ein kunststoffener, hölzerner oder metallener Beschlagteil, eine Art länglicher Knauf, am Boot befestigt, an welchem man die Leine festmacht. Aber wie?

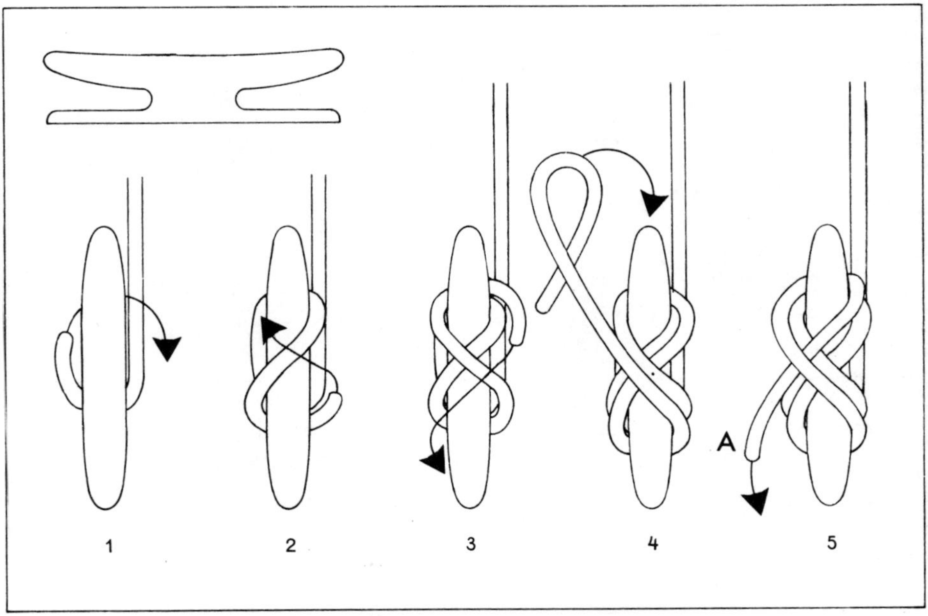

Bild 1: Man schlingt die Leine einmal um den Klampenfuß
Bild 2: und dann diagonal obendrüber, nun unten durch,
Bild 3: und wieder diagonal darüber. Das nennt man, weil sich die Leine kreuzt, einen „Kreuzschlag".
Ob man sich mit einem Kreuz begnügt oder vorsichtig mehrere macht, darauf kommt es nicht an. Wichtig ist,
Bild 4, der „Kopfschlag" der nun folgt und sich vom Kreuzschlag dadurch unterscheidet, daß bei ihm das freie Ende unterm festen liegt und dadurch,
Bild 5, festgeklemmt wird und nicht herausrutschen kann.
Beachten sollte man dabei, daß das freie, zum Schluß durchgesteckte Ende (A) entgegen der Zugrichtung laufen muß, die auf die Klampe wirkt; sonst nämlich kann der Kopfschlag aufgehen.

Nautischer Sprachführer zum Thema „Knoten"

Auge	eine ringförmige – augenförmige – Schlinge im Tau.

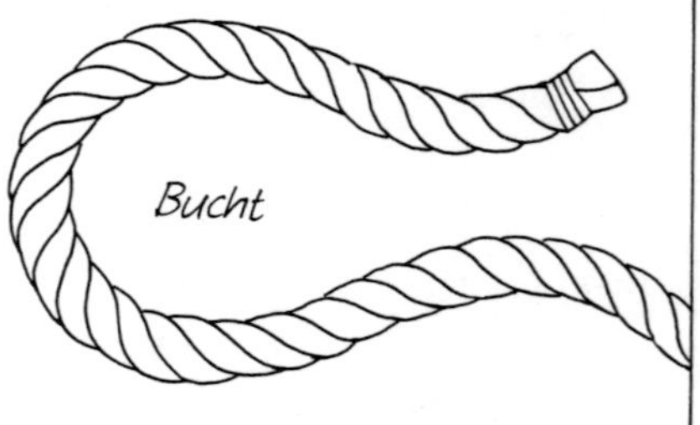

Belegen	soviel wie „festmachen". Eine Leine wird an einer Klampe, an einem Poller etc. belegt.
Bucht	eine U- oder, für Legastheniker, haarnadelförmige Schlaufe in einer Leine.

Ende	so nennt der Seemann ein jedes Tau – nicht etwa nur sein Schlußstück (das als „Tamp" bezeichnet wird).

Halber Schlag

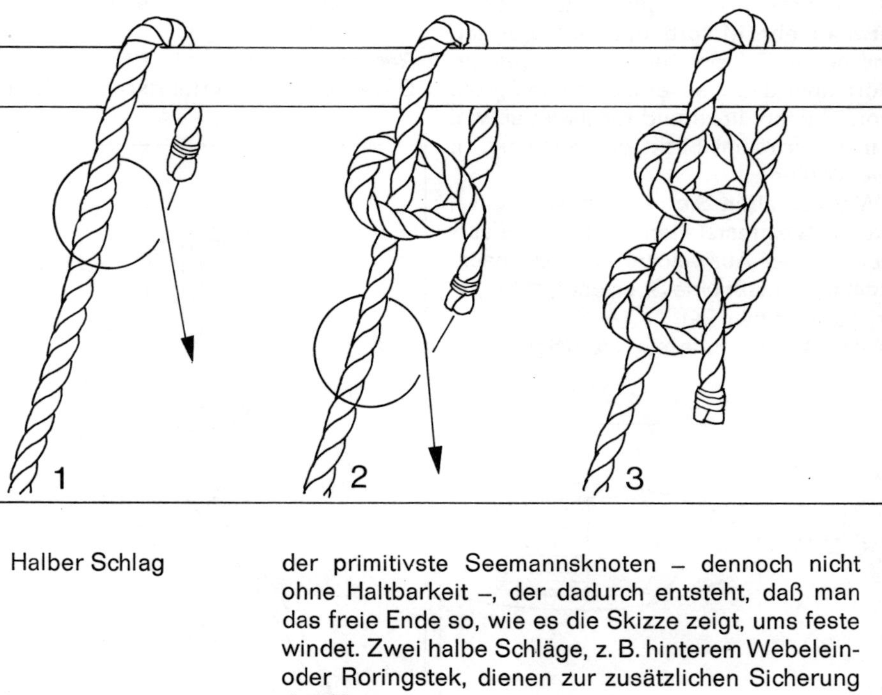

Halber Schlag	der primitivste Seemannsknoten – dennoch nicht ohne Haltbarkeit –, der dadurch entsteht, daß man das freie Ende so, wie es die Skizze zeigt, ums feste windet. Zwei halbe Schläge, z. B. hinterem Webelein- oder Roringstek, dienen zur zusätzlichen Sicherung des Knotens.
Leine	soviel wie an Land „Schnur" oder „Strick".
Stek	ein besonders seemännisches Wort für „Knoten", mit „stecken" verwandt.
Tamp	das, wozu der Landmensch „Ende eines Taues" sagen würde. Da „Ende" aber bereits das ganze Tau bezeichnet, braucht man fürs eigentliche Ende dieses – aus dem Niederländischen stammende – Wort.

Vorfahrt & dergleichen

Während man zulande damit rechnen darf, daß andere Verkehrsteilnehmer gleichfalls wissen, was sie sollen und was nicht, und daß sie sich mehr oder weniger auch danach richten, ist solches Vertrauen auf See nicht angebracht.

Kahnfahrer wissen gar nichts, Segler etwas mehr, Motorbootleute haben immerhin im Führerscheinkurs einiges gehört, aber das Wasser ist weit und groß, vorn, hinten, links und rechts ist so viel Platz, verträumt blickt der Seemann in die Wellen.

„Wie verhalten Sie sich als Kurshalter, wenn Sie feststellen, daß ein Fahrzeug seiner Ausweichpflicht nicht nachkommt?", heißt eine Sportbootprüfungsfrage (Nummer 94).

Antwort: „Ich gebe ein Warnsignal, bestehend aus mindestens fünf kurzen, rasch aufeinander folgenden Tönen. Sollte dies nichts nützen, muß schließlich das ‚Manöver des letzten Augenblicks' eingeleitet werden, das heißt, ich muß so manövrieren, daß ein Zusammenstoß vermieden wird."

Rechts vor links

Dabei sind die Vorfahrtsregeln für den

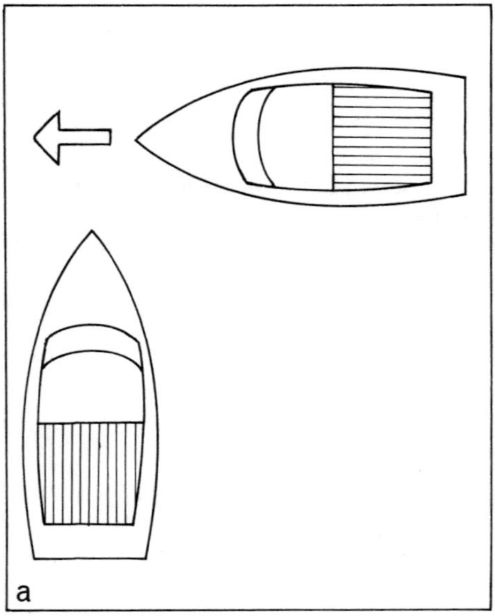
a

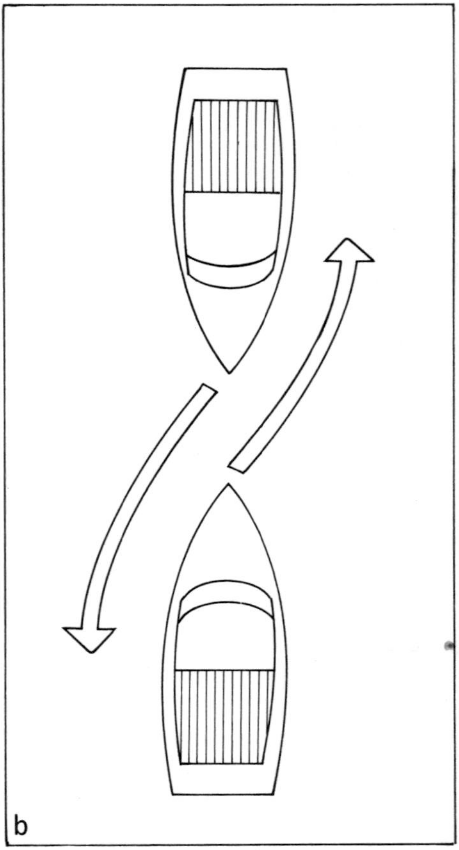
b

Motorbootfahrer äußerst einfach: Es hat das Boot auszuweichen, „welches das andere an seiner Steuerbordseite hat", zu deutsch: Vorfahrt hat, wer von rechts kommt.

Segler haben Vorfahrt

Sollte eins von den beiden Schiffen ein Segelboot sein, so hat dies Segelboot dem Motorfahrzeug gegenüber immer Vorfahrt, gleich ob's von rechts oder von links kommt. Es sei denn, es fährt mit Hilfsmotor, dann gilt es als Motorboot und hat die Vorfahrt nur von rechts.

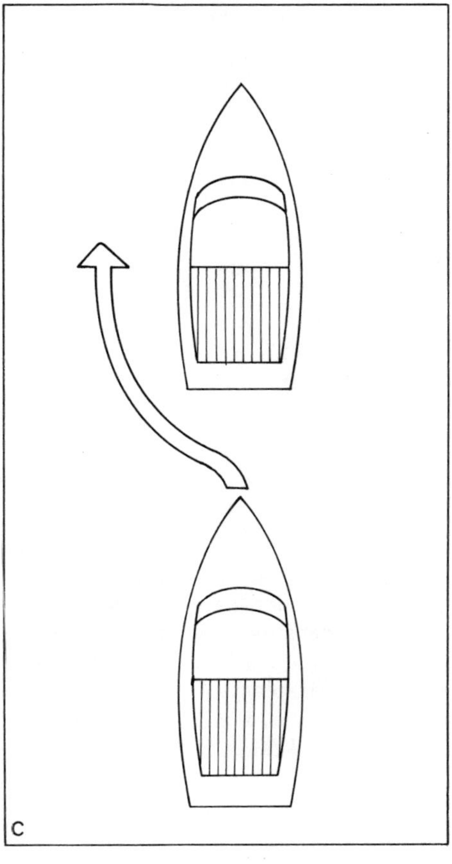

Fischer & Fähren

Auch Fischerbooten gebührt die Vorfahrt – wenn sie fischen; und den Fähren und der Berufsschiffahrt im allgemeinen; und den ganz großen, dicken Schiffen im besonderen: ihre Bremsstrecke beträgt 6 bis 8 Seemeilen.
Wer schließlich in betonnten Fahrwassern verkehrt (schön rechts), hat die Vorfahrt vor denen, die in das Fahrwasser einlaufen, es kreuzen oder queren.
Paddler und Kahnfahrer haben keine Vorfahrt; da ihnen dies unbekannt ist, erweist es sich als sinnvoll, auch ihnen auszuweichen.

Auf Gegenkurs

Ein Motorboot fährt von Süd nach Nord, ein zweites von Nord nach Süden, just in derselben Spur, und wenn sie noch lange so weiterfahren, werden sie zusammenstoßen. Um dies zu vermeiden, muß jedes der beiden Fahrzeuge „seinen Kurs nach Steuerbord ändern", also rechts ausweichen.

Überholvorgang

Wer überholt, der weicht dem andern aus, selbst wenn er segelt, und der Überholte behält den Kurs und seine Geschwindigkeit bei.
Das Problem ist nur: Überhole ich wirklich, oder kreuze ich bloß den Kurs des andern Bootes? Die Konsequenzen sind bedeutend: im ersten Falle muß ich aus-

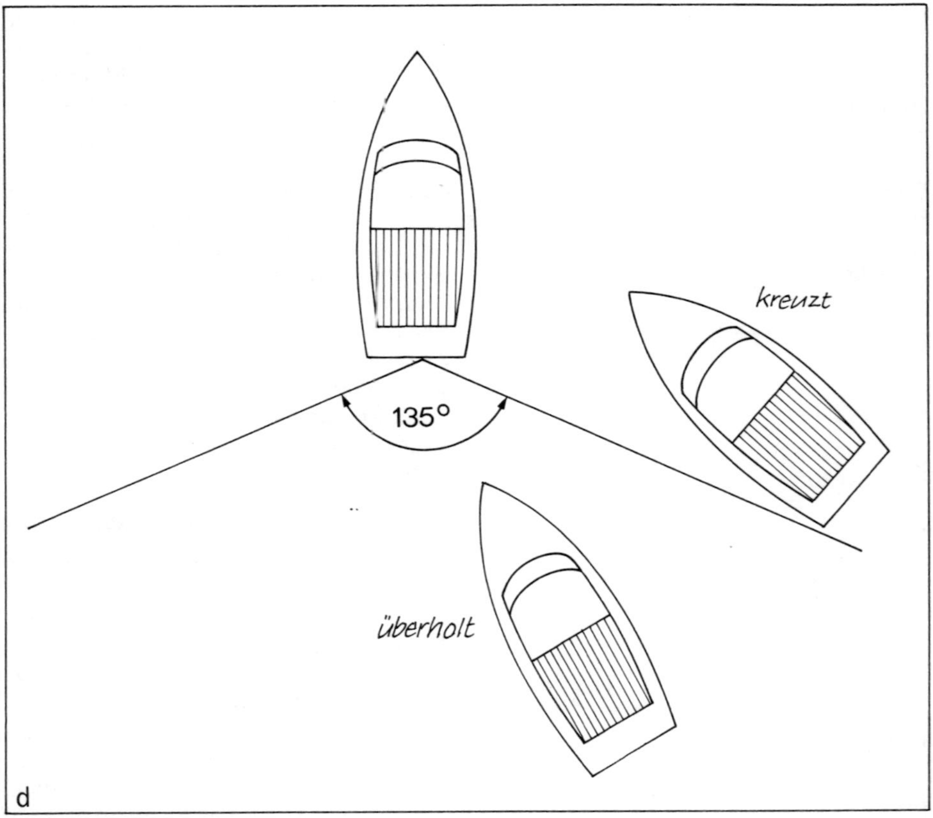

weichen, im zweiten muß möglicherweise der andere. Gesetzlich gilt als Überholer, wer sich einem Fahrzeug „beim ersten Sichtkontakt aus dessen Hecklichtsektor nähert". Diese Definition kann von Bedeutung sein, wenn was passiert ist. Vorher hält man sich klugerweise an die Regel: Wer nicht sicher ist, ob er kreuzt oder überholt, der möge sich als Überholer betrachten, mit der Konsequenz, daß er dem andern weicht.

Es gibt noch zahlreiche andere Vorschriften: ob, wo und wann wasserskigefahren werden darf, welches die zulässige Höchstgeschwindigkeit ist usw. So ziemlich jedes Revier hat sein eigenes Spezialreglement. Es rät sich, dieses jeweils vor dem Stapellauf bei der zuständigen Wasserpolizeistelle zu erfragen.

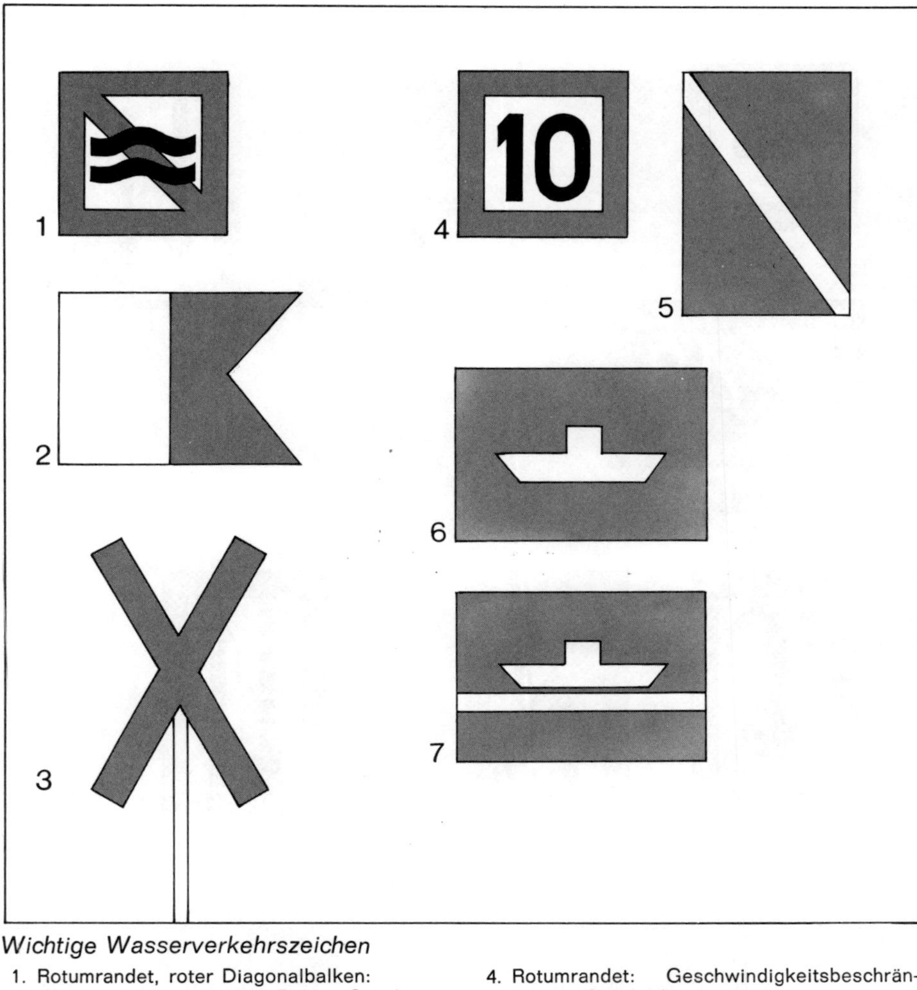

Wichtige Wasserverkehrszeichen

1. Rotumrandet, roter Diagonalbalken: Wellenschlag vermeiden. Daher: Geschwindigkeit verringern.
2. Linkes Feld weiß, rechtes blau: Geschwindigkeit wegen Taucharbeiten verringern.
3. Gelbes Kreuz: Vor Strandstrecken im Abstand bis zu 300 Meter Geschwindigkeit auf 8 km/h beschränken.
4. Rotumrandet: Geschwindigkeitsbeschränkung auf 10 km/h.
5. Blau mit weißem Diagonalbalken: Ende einer Ge- oder Verbotsstrecke.
6. Weißes Schiff auf blauem Grund: Fährstelle (freifahrende Fähre).
7. Weißes Schiff auf blauem Grund: Fährstelle (nichtfreifahrende Fähre).

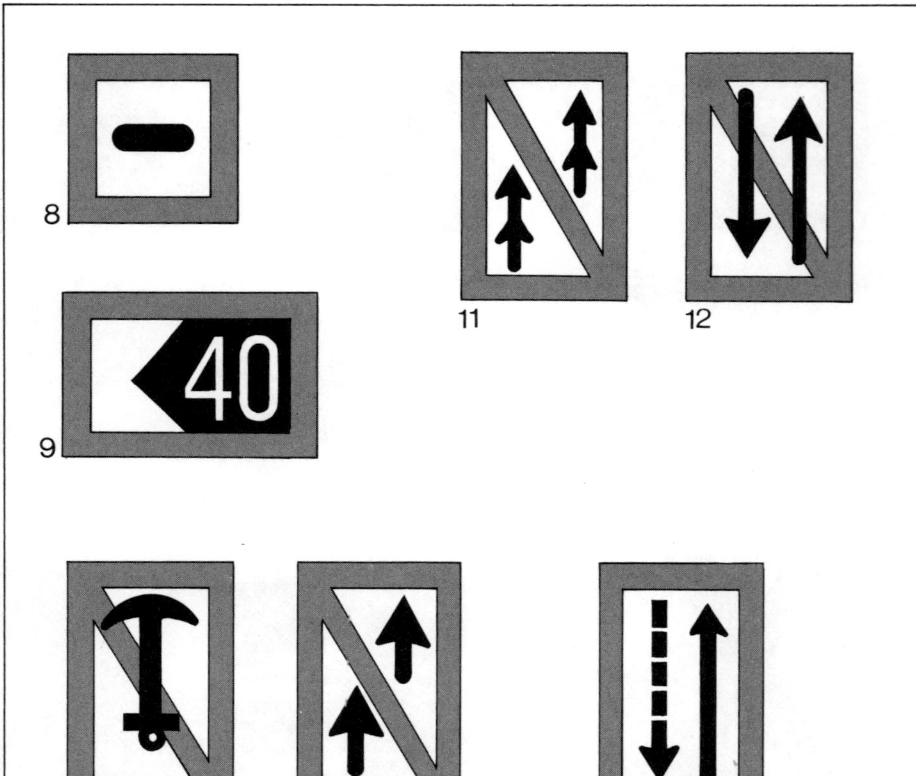

8. Rotumrandet: Halt!
9. Rotumrandet: Abstand vom Ufer halten! (hier 40 Meter).
10. Rotumrandet: roter Diagonalbalken: Ankerverbot im Uferbereich.
11. Rotumrandet, roter Diagonalbalken: Überholverbot für alle Fahrzeuge.
12. Rotumrandet, roter Diagonalbalken: Überholverbot für Schleppzüge untereinander.
13. Rotumrandet, roter Diagonalbalken: Überhol- und Begegnungsverbot.
14. Rotumrandet: rechte Seite der Fahrrinne beibehalten.

15

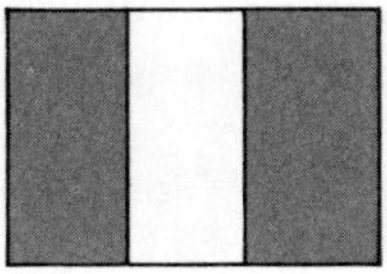

16

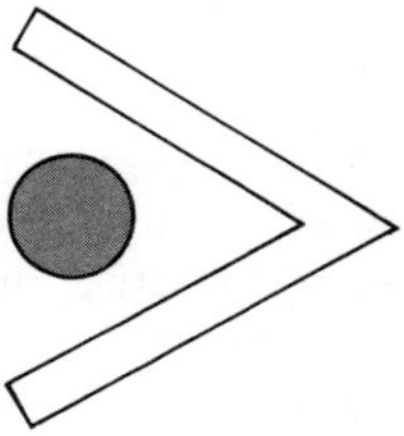

17

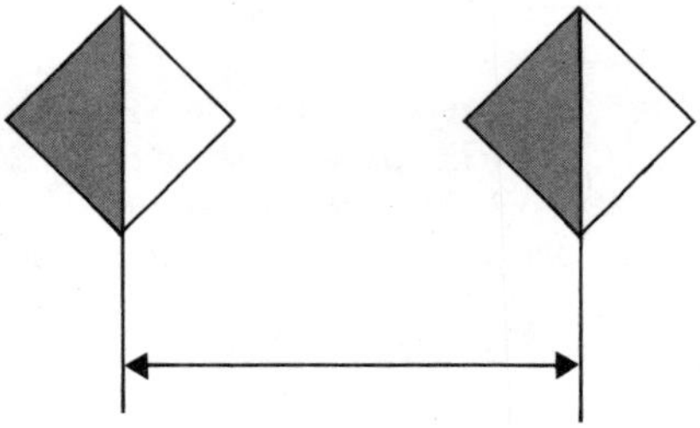

18

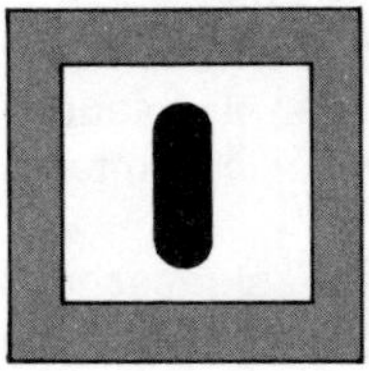

19

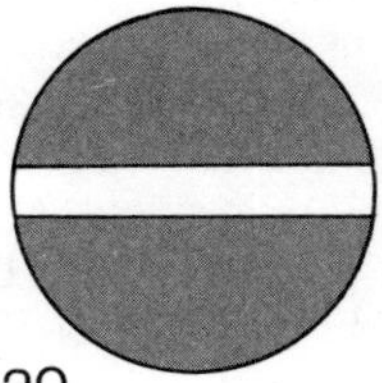

20

15. Oben und unten rot, mitte weiß: Durchfahrt verboten.
16. Rechts und links grün, mitte weiß: Durchfahrt frei.
17. Rote Scheibe: Einfahrt in Häfen oder Nebenwasserstraßen verboten.
18. Äußere Rautenhälften rot, innere weiß: Verbot außerhalb der Begrenzungen zu fahren.
19. Rotumrandet: Vorsicht!
20. Querbalken weiß, Scheibe rot: Gesperrte Wasserfläche (frei nur für Kleinfahrzeuge ohne eigenen Antrieb).

Lichtspiele

Auch wer nachweislich und ganz bestimmt mit seinem Boot nur am hellichten Tage unterwegs ist, muß, so will es das Gesetz, die vorgeschriebenen Positionslaternen mit sich führen. Sie müssen vom DHI (Deutschen Hydrographischen Institut) geprüft und zugelassen sein, sind das – darum obacht! – bei ausländischen Importbooten oft nicht, und das Prüfattest muß sich an Bord befinden.

Die Leuchten dienen weniger, beziehungsweise gar nicht dazu, daß der Steuermann das Wasser besser sieht, sondern dazu, daß sein Schiff gesehen wird.

Wo sie zu sitzen, in welcher Farbe sie zu leuchten haben und wie weit, das bestimmen die Seeschiffahrtstraßen-Ordnung und verschiedene andere Vorschriften in durchaus differenzierter Weise. Hier muß das Buglicht 5, 9 bis 8 Kilometer, dort darf's nur höchstens 5, 3 Kilometer weit strahlen, da muß ein Hecklicht sein, dort – auf der Donau – keins. Auch hier kann man nichts andres raten als: Erkundigen Sie sich, bevor Sie fahren.

Im Geltungsbereich der Seeschiffahrtstraßen-Ordnung braucht ein Maschinenfahrzeug bis 12 Meter Länge:

- ein weißes Topplicht, das einen Winkel von 225 Grad – nicht mehr, nicht weniger – nach vorn und seitlich ausleuchtet;
- links ein rotes, rechts ein grünes Seitenlicht mit einem Leuchtwinkel von 112,5 Grad;
- und ein weißes Hecklicht, 135 Grad erleuchtend.

Die Abstrahlwinkel haben ihren tiefen Sinn: Man weiß so nicht nur: Hier ist ein Schiff-, sondern auch: Von welcher Seite sehe ich's?

Überdies erkennt man an den Lichtern, um welche Art von Schiff sich's handelt: Etwa um ein Fahrzeug, das gefährliche Güter transportiert:

Es hat zwei weiße Topplichter (225 Grad), ein rotes Rundumlicht, ein rotes und ein grünes Seitenlicht (112,5 Grad) und ein weißes 135-Grad-Hecklicht.

Um eine Seil- oder Kettenfähre, die das Fahrwasser quert:

Über einem weißen Rundumlicht sieht man hier ein grünes.

Oder gar um ein Polizeiboot:

Nebst den Seitenlichtern, dem Heck- und dem Topplicht dient zur Illumination des Polizeifahrzeugs ein blaues, ringsum sichtbares Funkellicht unterm Topplicht.

Die Lichter müssen eingeschaltet sein von Sonnenuntergang bis -aufgang. Tagsüber muß man sie nur mit sich führen. Was aber ist, wenn man etwa ein Schlauchboot hat, an dem sich die Beleuchtung gar nicht installieren läßt? – Hier gilt eine Ausnahme: Es darf am Tag ohne und nachts gar nicht fahren.

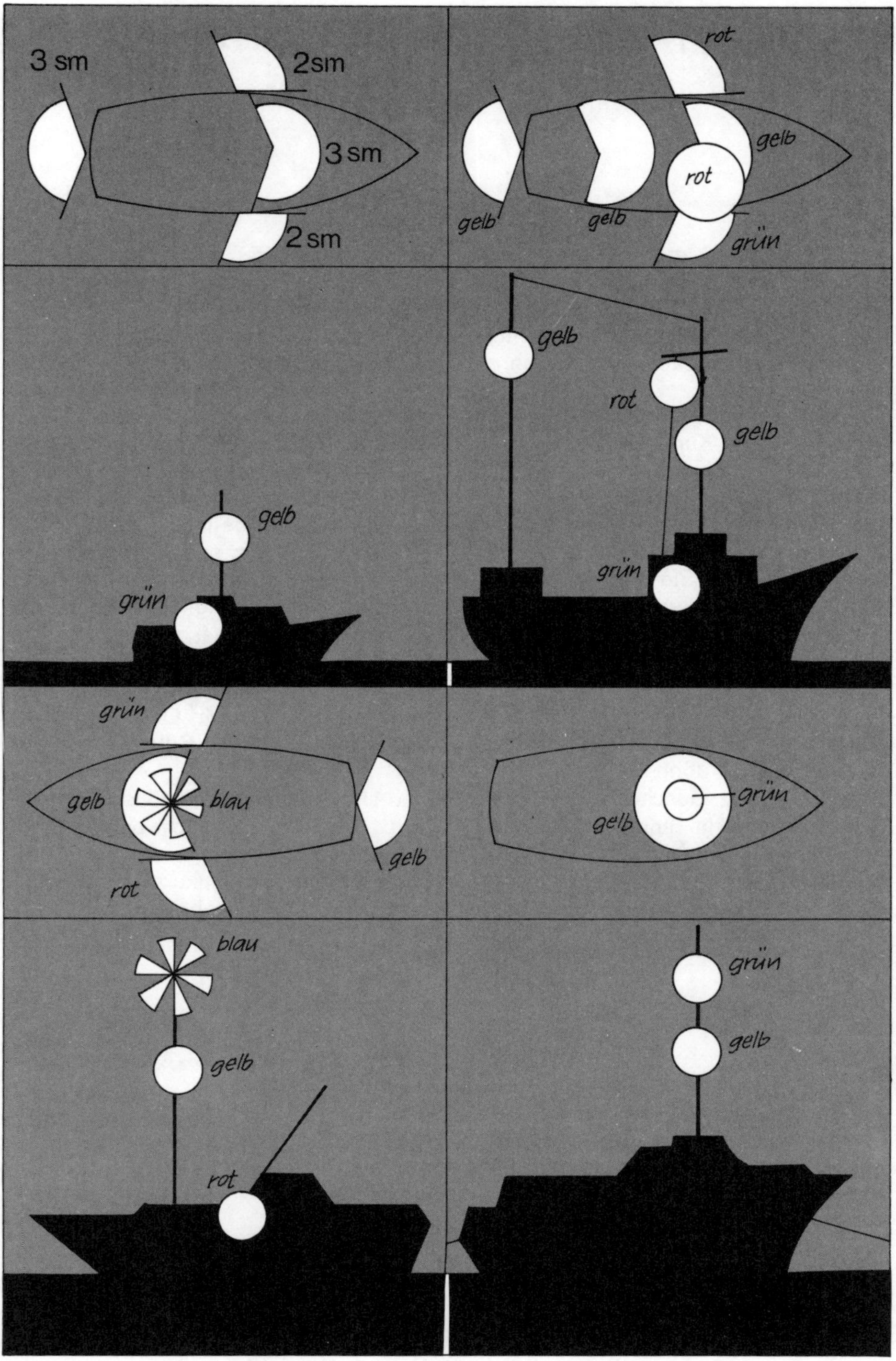
3 sm
2sm
3 sm
2 sm
rot
gelb
rot
gelb
gelb
grün
gelb
grün
gelb
rot
gelb
grün
grün
gelb
blau
gelb
rot
grün
gelb
blau
gelb
rot
grün
gelb

Hat man Töne?

Auf Booten ab 4 Meter 50 Länge jedenfalls; dort sind sie, als zur Sicherheitsausrüstung gehörig, vorgeschrieben; sie dienen zur Verständigung und Warnung anderer Seekameraden im Gefahrenfall.

Während zulande Einmal-, Zweimal-, Viermal-. Lang-, Kurz-, Kurzkurz-, Langkurzkurz- etc. -Hupen immer dasselbe, respektive höchst Verschiedenes: „Gehen Sie mir doch aus dem Weg!“, „Grüß Gott, ich komm auch aus Fürstenfeldbruck“, „Fahren Sie endlich weiter!“ und noch vieles mehr bedeuten kann, sind die Tonsignale auf dem Wasser feinsinnig systematisiert, ja sogar überfeinsinnig:

Fünf kurze Töne hintereinander: ● ● ● ● ● im Bereich der Seestraßenordnung ausgestoßen, sagen: „Ich behalte Kurs und Geschwindigkeit bei“. Dasselbe Signal im Binnenwasser heißt: „Sie können mich nicht überholen“ – was im Seeschiffahrtstraßenordnungsgebiet durch ▬ ● ● ● ● (Binnendeutung: „Ich bin manövrierunfähig!“) und in Holland durch ● ● ● ● ● ● ● auszudrücken ist.

Fährt man auf einem Binnenwasser in einen Hafen ein oder aus ihm heraus, dann bläst man dreimal lang ▬ ▬ ▬ und hängt daran noch einen kurzen Ton oder zwei kurze Töne, je nachdem, ob man dabei nach steuerbord (rechts) oder backbord dreht. Auf dem Bodensee heißt das Hafenaus- und einfahrtzeichen ● ● ● ● ● ● ● ● ●, und nach der Seeschiffahrtstraßenordnung wird dabei das Achtungssignal gegeben: ▬ Dieses Achtungssignal gilt auch auf dem Nord-Ostseekanal, allerdings nur, wenn man westwärts fährt, der Elbe zu. Bewegt man sich nach Osten, tönt es ▬ ▬, was binnen „Bitte Brücke öffnen“ bedeutet.

Man sieht, das alles ist hübsch kompliziert – braucht indes nicht bereits beim Lesen dieses Buches zu verzagen: im Sportbootführerscheinkurs lernt man dergleichen Dinge sehr genau.

Tut Buße!

Leser, die sich von den Vorschriftenkapiteln nicht so sehr gefesselt fühlten und sie vielleicht gar überschlugen, studieren mit Gewinn die Liste, die nun folgt. Sie nennt in kurzer, gedrängter Auswahl einige Preise, die die Wasserpolizeibehörden von seefahrenden Übeltätern nehmen.

Die in der Spalte „Verwarnung" genannten Beträge sind verbindlich, die Bußgeldsätze dienen nur als ungefährer Anhalt und können sich, wenn Rücksichtslosigkeit oder grob verkehrswidriges Verhalten vorlag – oder auch nur besondere Wohlsituiertheit des Betroffenen –, in höhere Höhen entwickeln.

Tatbestand	*Begehungsort*	*Verwarnungsgeld DM*	*Geldbuße DM*
Führen eines Sportboots ohne Fahrerlaubnis	Seeschiffahrtstraßen	–,–	250,–
Nichtmitführen des Sportbootführerscheins	Seeschiffahrtstraßen	10,–	–,–
Nichtbeachten des Überholverbotszeichens	Binnenschiffahrtstraßen	–,–	150,–
Verstoß gegen die für überholende Fahrzeuge vorgeschriebene Ausweichpflicht	Seeschiffahrtstraßen	–,–	150,–
Schädlicher Sog oder Wellenschlag	Binnenschiffahrtstraßen	20,–	150,–
Nichtbeachtung des Liegeverbots	Nord-Ostsee-Kanal	–,–	150,–
Verstoß gegen ein Ankerverbot	Seeschiffahrtstraßen	–,–	250,–
Mißbrauch von Notzeichen	Seeschiffahrtstraßen	–,–	300,–
Verstoß gegen die für Maschinenfahrzeuge gegenüber einem Segelfahrzeug vorgeschriebene Ausweichpflicht	Seeschiffahrtstraßen	–,–	250,–

Tatbestand	*Begehungsort*	*Verwarnungsgeld DM*	*Geldbuße DM*
Unentschlossene und nicht rechtzeitige Befolgung der Ausweichpflicht	Seeschiffahrtstraßen	–,–	150,–
Überschreiten der zulässigen Höchstgeschwindigkeit um weniger als 3 km/h	Binnenschiffahrtstraßen	20,–	100,–
mehr als 3 km/h		–,–	200,–
Verstoß gegen das Badeverbot	Binnenschiffahrtstraßen	10,–	50,–
Nicht ordnungsgemäßes Befestigen der Fahrzeuge und Bedienen der Befestigungsmittel während der Füllung und Entleerung der Schleusenkammer	Binnenschiffahrtstraßen	20,–	150,–
Lärmen in der Schleusenkammer	Binnenschiffahrtstraßen	10,–	–,–

Zeichenunterricht

Zu den unerquicklichsten Dingen, mit denen sich werdende Seeleute befassen müssen, gehört die Lehre von den Seezeichen.
Seezeichen, feste wie Leuchttürme, Baken, Dalben, Pricken oder schwimmende wie Feuerschiffe, Bojen, Spieren, Spitz-, Stumpf-, Baken- usw. -tonnen, dienen dazu, dem Küstenschiffsverkehr den rechten Weg zu weisen, bezeichnen die Haupt- und Nebenfahrwässer und ihre Seiten, markieren Hafeneinfahrten und Priele, warnen vor Untiefen und vor Wracks, die nicht weit genug versunken sind.

Führerscheinprüflinge werden mit Fragen konfrontiert wie:
„Welche Kennung und Farbe haben die Feuer der Leuchttonnen an der Backbordseite des Fahrwassers?" (Nummer 194) und antworten: „Weiße oder rote Blitz-, Blink- oder unterbrochene Feuer mit gerader Taktkennung oder ein weißes oder rotes Funkelfeuer."
Oder: „Sie sehen innerhalb des Fahrwassers das Feuer einer Leuchttonne mit folgender Kennung: Grünes Gleichtaktfeuer. Was bedeutet das?" – Der Kandidat schreibt: „Ich habe eine Leuchttonne in der Fahrwassermitte zur

Nautischer Sprachführer zum Thema „Seezeichen"

Bake	ein fest an Land aufgestelltes, aus einem Holz- oder Stahlgerüst bestehendes Seezeichen.
Blinkfeuer	unterbrochenes Lichtzeichen: mindestens 2 Sekunden Licht, dann eine merklich längere Unterbrechung, wieder 2 Sekunden Licht, wieder Unterbrechung usw.
Blitzfeuer	ähnlich wie das Blinkfeuer, aber mit kürzerer Lichterscheinung: unter 1 Sekunde.
Dalben	Pfahlgruppe, die als Seezeichen oder auch zum Festmachen von Schiffen dient.
Festfeuer	nicht unterbrochenes Lichtzeichen.
Funkelfeuer	Lichtzeichen aus schnell aufeinanderfolgenden Blitzen – mindestens 40 pro Minute.
Gleichtaktfeuer	unterbrochenes Lichtzeichen, bei dem Lichterscheinung und Unterbrechung gleichlang dauern.
Kennung	die für ein Leuchtfeuer charakteristische Abfolge von Lichterscheinung und Dunkelheit.
Pricke	einfaches, in den Wattgrund gestecktes Seezeichen: ein langer Ast, ein Bäumchen.
Spiere	ein Rundholz.

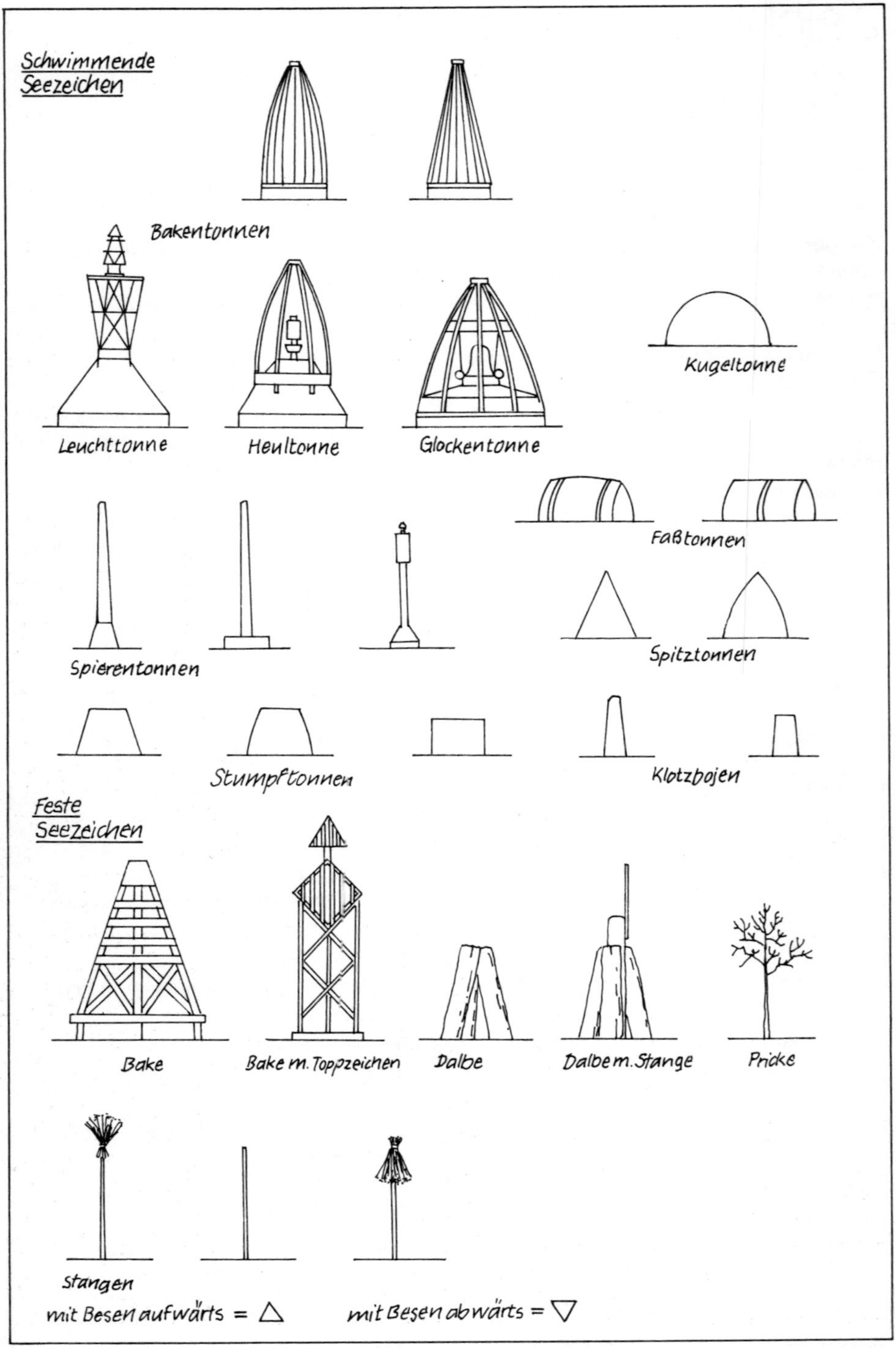

Schwimmende Seezeichen
Bakentonnen
Kugeltonne
Leuchttonne
Heultonne
Glockentonne
Faßtonnen
Spierentonnen
Spitztonnen
Stumpftonnen
Klotzbojen
Feste Seezeichen
Bake
Bake m. Toppzeichen
Dalbe
Dalbe m. Stange
Pricke
Stangen
mit Besen aufwärts = △
mit Besen abwärts = ▽

Rote Spierentonne vor der Insel Fehmarn. Sie bezeichnet die Backbordseite, den linken Rand des Fahrwassers.

„In den Weichen hinter den Dalben" ist es Sportbooten im Nord-Ostseekanal erlaubt, bei plötzlich unsichtigem Wetter ausnahmsweise festzumachen.

Der Norfolk-Broads-Kapitän in England braucht solche Dinge nicht zu wissen. Und keinen Führerschein, und nichts.

3000 Charterboote oder noch mehr sind in den Norfolk Broads unterwegs. Ein großer Teil von ihnen trifft sich abends in Great Yarmouth und legt an, wo und wie's dem Steuermann gefällt.

Ein Yachthafen – hier der von Heiligenhafen an der Ostsee – sieht aus wie ein gepflegter, gutaufgeräumter Campingplatz.

Marina der feinen Leute: La Grande Motte in Südfrankreich.

Und hier ein Hafen speziell für Millionäre, an der Insel Albarella südlich von Chioggia. Er ist einer der größten und gewiß der leerste der ganzen Adria. Im Vordergrund sieht man das bescheidene Bötchen, das wir (Seite 17 f.) gemietet hatten.

Planwirtschaft

Bezeichnung eines Wracks vor mir."
Und kaum, daß er die Prüfung hinter sich hat, vergißt er das alles wieder (was insofern nicht allzu schlimm ist, als die Wracktonnen in den nächsten Jahren ohnehin durch waagerecht schwarzgelbgestreifte, weißbefeuerte ersetzt werden). Was an unverlierbarem Wissen bleibt, ist nicht sehr viel:
Seezeichen sind wichtig; außerhalb der von ihnen gesäumten Strecken kann es so seicht sein, daß man aufsitzt.
Die (vom Meer her gesehen) Backbordseite wird mit roten Zeichen markiert – was sich leicht merkt: rot = links; die rechten Seezeichen sind schwarz; auch dies kann man gut behalten. Demnächst werden sie grün, wie die Schiffslaternen auf der rechten Seite. Untiefentonnen sind quergestreift.
Und auf Binnengewässern sehen die Zeichen wieder völlig anders – und von Wasser zu Wasser verschieden – aus.
Und nachts leuchten, blitzen und funkeln sie, daß es eine wahre Freude ist.
Außerdem: Es ist verboten, an Seezeichen anzulegen und festzumachen.
Überdies: Die Tonnen und ihre (draufgeschriebenen) Nummer sind in den Seekarten vermerkt und erleichtern so die Orientierung ungemein.
Es sei denn – so geht's einem an südlichen Küsten gern –, daß ein Hafen nicht nur mit Seefahrtslichtern, sondern auch noch mit bunten Hotelaufschriften und Leuchtreklamen geschmückt ist. In diesem Falle macht es gar nichts aus, wenn man alles, was man je über Seezeichen und ihre Lichter wußte, vergessen hat: man findet die Einfahrt immer nur durch einen glücklichen Zufall.

Es gibt zwei Arten, wie man eine Urlaubsreise unternehmen kann: man studiert, lang eh die Ferien nahen, Reiseführer, Handbücher und Prospekte, wohnt Diavorträgen schon dortgewesener Freunde bei, läßt sich von seinem Autoclub die schönste Route ausarbeiten, vom Reisebüro für jede Nacht sein Bett mit Frühstück buchen und lernt auswendig aus dem Sprachführer: „Würden Sie bitte die Zündkerzen erneuern?" – „Prego, vorebbe cambiare le candele?" – „Biste li mòlim izmijènili osigurače?" – „Lütfen bujileri yeniler misiniz."
Oder man schaut fünf Minuten vor der Abfahrt in den Autoatlas: „In welcher Richtung liegt eigentlich dieses Rom?", läßt die Ereignisse und Sehenswürdigkeiten lässig auf sich zukommen und wundert sich im Forum: „Da ist ja alles halbkaputt!"
Es kann keinerlei Zweifel geben: die erstere Methode ist die kulturell, intellektuell und überhaupt weitaus wertvollere; sie erspart einem nicht nur Überraschungen, sondern schützt auch vor Spott und Schaden, und nur sie ermöglicht es, sich stets vorbildlich zu betragen und das Angebot an Schönem wirklich bis zur Neige auszuschöpfen.
Der sorgfältig weitblickende Seemann hat nicht bloß sein Schiff vortrefflich ausgerüstet und alles mit an Bord, was er benötigt: Leinen, Fender, Anker, Ersatzteile, Notsignale, Schwimmwesten, Führerschein und Bootspapiere, Gastflaggen der Länder, die er heimsucht, Dosengemüse, Wasser-, Benzinkanister usw. usw., auch die Fahrt hat er im Geiste schon mehrmals vollzogen, ehe

Das Sportboot kann rein

sie beginnt, Gezeitenkalender führt er mit sich, Seekarten, Flüsseführer, und einen Fahrplan hat er – schriftlich, wird empfohlen – ausgeheckt, der den der Linienschiffahrt tief in den Schatten stellt.

In diesem Fahrplan ist jede Etappe vorgeplant, Geschwindigkeitsbeschränkungen, Markierungen, Sondervorschriften sind vermerkt, Fähren und Schleusen (samt Gebühr und Wartezeiten) stehen drin; den Fahrplaner kann nichts verblüffen.

In der Hohwachter Bucht schießt die Kriegsmarine; aber sonntags nie, drum ist Heiligenhafen für den Samstag eingeplant, wo überdies abends der Knabe Niki singt.

In Rendsburg steht die Marienkirche aus dem 13. mit Malereien aus dem 15. Jahrhundert; um die zu besehen, wird auf Dienstag am nahen Borgstedter Liegeplatz geschlafen, der überdies der netteste am ganzen Nord-Ostseekanal ist. („Toiletten", steht im Fahrplan, „vor der Villa hinterm Steg.")

So einen Mann, so einen Reiseingenieur dabeizuhaben oder selbst einer zu sein, ist, wenn nicht Goldes, so doch eine Menge wert.

Andererseits: Die spontane Reiseweise – die ja nicht in Grobfahrlässigkeit auszuarten braucht – hat auch recht viel für sich, plan-loses Fahren, Bleiben wo und wie lang's einem gefällt, Blitzentschlüsse können noch viel mehr Vergnügen machen als pünktlich exakte Planerfüllung.

Höhenunterschiede auf dem Lauf von Flüssen lassen sich aufs einfachste – man denke an Schaffhausen oder an Niagara – durch Wasserfälle ausgleichen; dumm ist nur, daß solche Fälle der Schiffahrt etwas hinderlich im Wege stehen. Darum baut man in Kanalgewässer Schleusen: Becken, stromauf- und -abwärts abzusperren, in die man, um durchfahrende Schiffe anzuheben, Wasser laufen läßt, beziehungsweise aus denen das Wasser abrinnt, wenn das Schiff auf niedrigeren Wasserstand zu bringen ist.

Auf dem Schiff fahren wir, Sohn Stefan (18) und ich, durch den Nordostseekanal. Zwanzig Kilometer westlich Rendsburg verlassen wir ihn auf einem anderen Kanal, der Gieselau heißt, um zur Eider zu gelangen; die Eider ist ein still-lieblich-idyllischer Fluß und zur gemächlichen Spazierfahrt vortrefflich geeignet. Vor uns fährt ein Segelboot mit Hilfsmotor, und vor dem Segelboot ist eine Schleuse. Rotlicht leuchtet und bedeutet: Keine Durchfahrt. – Aha, denken wir, da wird grade schon jemand durchgeschleust, warten wir halt. Die vor uns denken offenbar dasselbe, ihr Schiff schwimmt erst etwas unschlüssig vor dem Schleuseneingang hin und her, dann dreht es um, fährt ein kleines Stück zurück und legt am Ufer an. Wir hängen uns an eine dicke, schleimglitschige Dalbe, wickeln die Leine drumherum und warten. Warten fünf Minuten, zehn Minuten, entschließen uns: Wir legen auch an und setzen uns auf die Wiese.

Es wird dreiviertel zwei, dann zehn vor zwei, nichts rührt sich, kein grünes Licht erstrahlt. Wahrscheinlich, denken wir, macht der Schleusner gerade mittag. Es wird zwei vorbei. Noch immer nichts. Vielleicht schleust der bloß alle paar Stunden. Fragen wir mal den andern Kapitän, möglicherweise ist dem Näheres bekannt.

Ihm ist. „Wenn Sie durch die Schleuse wollen", belehrt er uns, „müssen Sie das dem Schleusenwärter sagen. Wir bleiben hier liegen."

Ach so! Das also ist das erste, was man wissen muß: Im Nordostseekanal und auf ähnlich vielbefahrenen Gewässern ist zwar fortwährend Schleusbetrieb, nicht aber auf den kleinen Bächen. Der Schleusner späht nicht immerzu, ob Kundschaft kommt, der sitzt in seinem Garten unterm Lindenbaum, trinkt geduldig Kaffee und wartet, bis sich jemand meldet.

Zweitens: Wie aber sagt man seinem Schleusner, was man will? – Wir machten's so: Fuhren wieder an die Dalbe, machten fest, ich stieg aus, kletterte an Land, schaute links, sah keinen Schleusenwärter, schaute rechts, da saß einer mit blauer Seemannsmütze. „Guten Tag", sagte ich höflich, und ob er uns eventuell durchlassen wollte.

Doch, antwortete er, das will er schon, aber da hätte ich nicht eigens heraufzukraxeln brauchen, Dreimal-ins-Blashorn-Blasen tut denselben Zweck.

Dann kippt der Schleusner seine Straßenbrücke hoch und schließt die Schranke, beziehungsweise in der umgekehrten Reihenfolge, öffnet das Tor, das rote Licht verwandelt sich in grünes, und wir fahren ein.

Links ist eine Wand und rechts des-

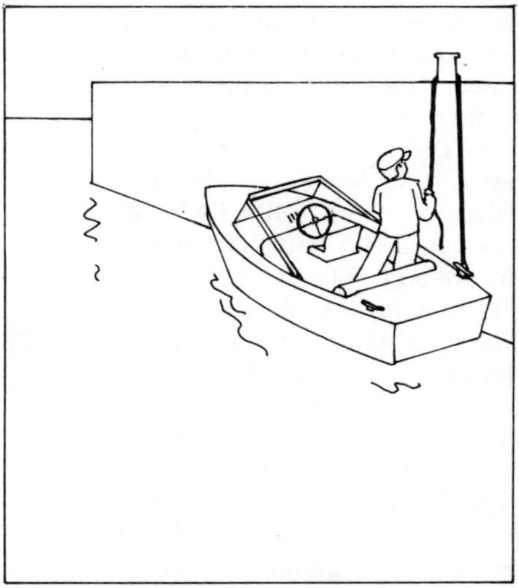

Leine auf Slip: Mit einem Ende ist die Leine an der Bootsklampe belegt. Das freie Ende liegt lose um den Poller und wird festgehalten. Zum Ablegen zieht man sie einfach wieder an Bord.

gleichen, ein paar Leitern führen zum Land hinauf, das Einfahrtstor geht wieder zu, wir steuern, nach rechts gewunken, an die Mauer, hängen ein paar Fender über Bord, ich steige aus, binde unser Schiff hinten und vorne mit je einem Palstek an einen Poller, begebe mich ins Schleusbüro, sage, wie mein Schiff heißt, wie sein Heimathafen und wie ich, Länge (6 Meter 50), Breite (2,50), Tiefgang des Bootes (65 Zentimeter), zahle 2 Mark, kehre zurück, das Wasser schwillt – nicht sehr, der Höhenunterschied, der überwunden werden muß, beträgt bloß ein paar Dezimeter-, dann geht die Tür vorn auf, wir lassen unsern Motor an, dann das Boot von der Leine, sagen „Wiedersehn" und fahren. –

Schleusen ist kein größeres Problem als An- und Ablegen irgendwo.
Leser, die vom Schleusen was verstehen, werden allerdings erkannt haben, daß uns ein bemerkenswerter Fehler unterlaufen ist: die Palsteke nämlich (darüber siehe Seite 84 f.), mit denen ich das Schiff befestigt habe.
In unserm Fall, bei der nur minimalen Höhendifferenz, die hier zu überwinden war, machten die gar nichts aus. Gesetzt jedoch den Fall, die Wasserfläche senkt sich einen oder gar zwei Meter, dann kann das Schiff, fest angebunden, wie es ist, nicht mitsinken, dann hängt es schief und hilflos an der Mauer. Oder man hat in einer Wandnische etwas zum Festmachen gefunden, knüpft seinen schönen Knoten, das Wasser steigt, das Schiff jedoch, da es gefesselt ist, nicht mit und wird wahrscheinlich jämmerlich ersaufen.
Inzwischen weiß ich es: Der verständige Seemann belegt sein Schiff in der Schleuse auf Slip – das heißt so, daß man bloß dran zu ziehen braucht, um die Leine zu lösen –, dann ist er vor solchen Eventualitäten sicher.
Es gibt auch Schleusen mit schwimmenden Pontons, an denen die Festmachringe hängen. Zum Beispiel in Kiel-Holtenau; da kann man die festesten Knoten knüpfen, da steigt und fällt der Festmachpunkt mit dem Wasserstand.
Bald nach der Gieselauer Schleuse kam die nächste, bei Friedrichstadt die dritte. Friedrichstadt ist schön: ein holländisch aussehendes Städtchen mit Spielzeughäusern und Kanälen.
Wir fuhren zurück, ankerten hier, badeten da, übernachteten vor dem lauschigen Dörfchen Tielen und waren schließlich wieder im Nord-Ostseekanal.
Sportboote dürfen ihn „nur während der Tagfahrzeiten und nur zu Durchfahrtzwecken“ benutzen, 15 km/h sind die Höchstgeschwindigkeit, festmachen soll ich nur im Sonderfall bei plötzlich auftretendem unsichtigem Wetter „in den Weichen hinter den Dalben“, und bei Brunsbüttel, ganz vorn rechts, ist der letzte Sportbootanlegeplatz. Und daneben die Schleuse, die noch zu bezwingen ist.
Was heißt bezwingen? Schleusen konnten wir. Ab Friedrichstadt waren wir sogar dazu übergegangen, aufs Festmachen zu verzichten: es genügte, zur Leiter hinzufahren und sich, im Boot stehend, mit lässiger Hand dort festzuhalten.
Um elf Uhr früh fuhren wir los vom Liegeplatz, der Schleuse zu, der großen, allgemeinen; hier gibt es, im Unterschied zu Holtenau, keine Spezialpassage für die Sportschiffer. Berufsschiffahrt geht vor, Sportboote werden nur mitgenommen, wenn noch Platz ist. Riesige, lange, hohe Schiffe schwammen aus dem Osten daher, krochen langsam in die Schleuse. Wir fuhren ums Eck, näherten uns der Zufahrt, damit der Schleusenmeister sieht: wir möchten auch. Er sah uns und brüllte durchs Megaphon: „Das Sportboot soll warten!“ – Jaja, es wartet schon. Die großen Schiffe fuhren an uns vorbei. Dann war die Schleuse voll, dann rief der Megaphonist wieder: „Das Sportboot kann rein!“
Also fuhr es los, hinter dem letzten Großschiff her, in respektvollem Ab-

stand. „Nach links“ deutete uns der Schleusner. Rechts lag ein dickbäuchiges Riesenschiff, links ein Kümo namens Oberndorf, nein, nicht eigentlich links, sondern mehr diagonal. Vorn hing es an der linken Schleusenwand und lag so schräg in der Kammer, daß sein Hinterteil zum großen rechten Nachbarschiff gerichtet war.
An dem, vermute ich, will es wahrscheinlich festmachen, und den Platz an der Mauer hat es freundlich für uns gelassen. Ich fahre ganz sacht und langsam hinein zwischen Mauer und Kümo.
Lautes Gebrüll, Gestikulieren, wahnsinnig geworden, was? – Wieso, wiebitte, was ist los? Das Kahnheck bewegt sich auf uns zu in Richtung Mauer, sichtlich fest entschlossen, uns zu zerquetschen; das lag nur momentan so schief, das möchte ganz zur Wand, woher soll ich das wissen? Ich schalte ziemlich geistesgegenwärtig in den Rückwärtsgang und schlüpfe hinaus.
Nein, läßt man uns von oben wissen, wir sollen zwischen die „Oberndorf“ und das große Schiff hinein, da sind zirka sechs Meter Platz, und am Kümo festmachen. Sehr schön legen wir dort an, erkundigen uns höflich: „Dürfen wir?“, ja doch, wir dürfen. Stefan steigt hinüber, bindet die Heckleine an. Vorn bindet er nicht; er setzt sich auf die Kümoreling und hält das Schiff mit der Hand. Nach einer Weile sagt ihm wer von der Besatzung: „Hier ist übrigens frisch gestrichen.“ Sonst geschieht nichts Besonderes, nur daß wir uns ein bißchen klein vorkommen neben dem Riesen rechts, dem langen Kümo links und dem stattlichen „Hartwig Buss“ vor uns.

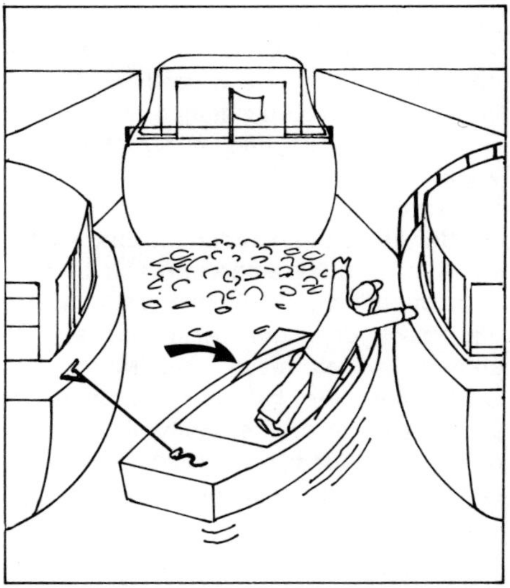
In der Schleuse, als das dicke Schiff vor uns seine Schraube drehen ließ.

Schließlich ist genug geschleust, die Tore in die Elbe öffnen sich, der „Hartwig Buss“ vor uns läßt seinen Motor an. Die Schraube dreht sich, das Wasser bewegt sich, ich bin eben dabei zu denken: „Jetzt wird's gleich schaukeln!“, aber es schaukelt nicht. Es entstehen keine Wellen, sondern Wirbel, und diese Wirbel, als sie am Bug unseres Bootes ankommen, packen das Boot und drehen es mit einem Ruck nach rechts, wir versuchen reaktionsschnell, uns am Kümo festzuhalten, völlig umsonst, das Schiff wird uns aus der Hand gerissen und dreht sich mit der Nase gegen den Ozeanriesen neben uns. Der Stefan hat Gottseidank losgelassen und fällt nicht ins Wasser, ich eile zur rechten Seite unseres Schiffes, um den Anprall auf-

Das zahlt meine Versicherung

zufangen, das gelingt sogar, beziehungsweise ist gar nicht mehr nötig, der Wirbel wirbelt nicht mehr schlimm, dumm ist nur, daß wir jetzt beinah quer in der Schleuse stehen, just in dem Moment, wo alles fahren will.
Ich werfe Sohn Stefan die Vorderleine zu, der zieht uns wieder an das Kümo, von hinten tutet einer und will sagen: „Macht endlich, daß ihr weiterkommt!" – als ob wir uns zum Vergnügen so anstellten! – ich lasse den Motor an, Stefan löst die Heckleine, kommt an Bord, wir fahren, respektvoll Abstand haltend von dem scheußlichen Hartwig Buss, in die Elbe, geschleust, gerettet.

Gesetzt den Fall, es wäre uns in dieser Schleuse tatsächlich etwas passiert: unser Boot bis zur Unkenntlichkeit zerdrückt, das Nachbarschiff schwer havariert, sein Kapitän mit Schock im Krankenhaus, der Stefan ins Wasser gefallen und erkältet – dann hätte sich's gelohnt, daß wir versichert waren.
Für Schäden, die wir an fremden Sachen stiften, wäre die „Haftpflichtversicherung aus der privaten Benutzung und/oder Vermietung von Wassersport-Fahrzeugen" zuständig.
Sie kostet bei Deckungssummen 1 Million für Personen- und 100 000 Mark für Sachschäden

bis 10 PS	ungefähr	50 Mark
bis 25 PS		65
bis 50 PS		90
bis 80 PS		120
bis 100 PS		135

und so weiter im Jahr, oder auch etwas weniger, das ist von Gesellschaft zu Gesellschaft unterschiedlich. (Höhere Dekkungssummen kosten entsprechenden Zuschlag.)
Und sie würde sowohl die Reparatur des Nachbarschiffes und seinen Verdienstausfall als auch die Genesung des Kapitäns bezahlen. Auch wenn man sagen muß, daß wir uns nicht ganz unfahrlässig betragen haben: selbst grobe Fahrlässigkeit wird durch die Haftpflichtversicherung gedeckt.
Hätten wir Fahrgäste an Bord gehabt, die ihrerseits beschädigt worden wären, so käme die Versicherung auch für ihre Ansprüche auf. Was den Sohn Stefan betrifft, er würde nichts bekommen, denn er zählt zu dem unterprivilegierten Personenkreis: „Ehegatten, Eltern,

Schwieger- und Großeltern, Kinder (auch Schwiegerkinder) und Enkel, Adoptiv-, Pflege- und Stiefeltern und Kinder". Während diese Anverwandten in der Kraftfahrzeughaftpflichtbranche generös wie Fremde entschädigt werden, gilt dies in der Seefahrt nicht.
Wäre der Schaden bei einem Motorbootrennen oder auf einer Übungsfahrt dazu entstanden, wäre die Versicherung ebenfalls fein heraus; dieses Risiko ist eigens ausgenommen.
Einen Führerschein muß ich nur in Revieren haben, in denen er gesetzlich vorgeschrieben ist. Fahre ich führerscheinlos, wo ich nur mit Führerschein dürfte, ist die Versicherung von der Leistung frei. (Fahre ich dagegen, ebenfalls ohne Führerschein, wo ich weder mit noch ohne darf, dann zahlt sie.)
Haftpflichtversicherungszwang besteht bei unszulande – seltsamerweise – für Motorboote nicht; nur Italien (ab 6 PS = 4,4 kW) und die Schweiz verlangen von ihrem Motorbootpublikum, daß es versichert ist – was Menschen mit Vernunft indes nicht hindert, eine Haftpflichtversicherung auch abzuschließen, wenn sie anderswo unterwegs sind.

*

Die Beulen, die an unserm eigenen Schiff entstanden wären, die hätte die Kaskoversicherung getragen. Ihr fallen die Schäden anheim, die durch Unfall, Transportmittelunfall, Brand, Blitzschlag, Explosion, höhere Gewalt oder Diebstahl entstanden sind.
Kasko ist teuer, wie beim Auto auch. Die Prämien betragen pro Jahr 2 bis 3 Prozent vom Bootswert, wobei spezielle Risiken teils eingeschlossen sind, teils:

Teilnahme am Rennen	+ 1 %
Höchstgeschwindigkeit über 50 km/h	+ 1 %
Landtransport des Bootes	+ 1 %
Reviererweiterung auf Mittelmeer	+ 02 bis 1 %
Reviererweiterung auf sämtliche Küsten Europas	+ 1 %

etc. etc. – durch Zuschläge eigens versichert werden müssen.
Es lohnt sich sehr, hier nicht beim nächstbesten Agenten abzuschließen, sondern herumzufragen, insbesondere bei Versicherungsmaklern, die oft recht günstige Angebote haben.
Bei der einen Gesellschaft gibt es Schadenfreiheitsrabatt bis zu 30 Prozent, bei der andern nichts dergleichen, hier sind persönliche Effekten eingeschlossen, dort muß man dafür zusätzlich zahlen, da wieder gelten Radios, Ferngläser, Fotoapparate als unversichert, dafür gibt es Rabatt für Boote bestimmter Typen oder für Mitglieder von Yachtvereinen. Die eine Gesellschaft versichert grundsätzlich nur den Zeitwert, bei der nächsten kann man – entsprechend teurer – auch Neuwertversicherung bekommen und nach dem Untergang ein fabrikfrisches Schiff aus der Werft.
Nicht für jeden ist dieselbe Versicherung die beste. Wenn ich ein biederes Familienschifflein habe, interessiert's mich nicht, daß auch die Teilnahme am Großen Preis von Korsika – prämienfrei aber wohlmiteinkalkuliert – versichert ist, und wenn ich jahraus jahrein nur auf dem Bodensee herumfahre, können der Atlantik und das Kattegat ruhig vom

Vertragliche Haftungsbeschränkung

1. Ich bin damit einverstanden, daß ich an Bord der Motoryacht/Segelyacht mit dem Bootsnamen: ...., Heimathafen: .... Registriernummer: .... auf eigene Gefahr und eigenes Risiko mitgenommen werde, soweit etwa mir zustoßende Unfallschäden durch die Wassersport-Haftpflichtversicherung oder eine etwa abgeschlossene Insassen-Unfallversicherung nicht gedeckt sind.

2. Ich verzichte ausdrücklich für mich und die mir gegenüber unterhaltsberechtigten Personen, Bootseigner, den Bootsführer oder andere Personen, für die Halter oder Führer eintreten müssen, wegen irgendwelcher, auch grobfahrlässig herbeigeführter Unfallschäden in Anspruch zu nehmen, soweit diese Personen nicht durch eine Versicherung gedeckt sind oder die Ansprüche die Versicherungssumme übersteigen.

3. Bei einem Teilverschulden eines Dritten beschränke ich meinen Schadensersatzanspruch gegen den Drittschädiger von vornherein auf die Quote, die dieser im Innenverhältnis zu tragen hat.

...., den ....

....	....
(Unterschrift des Insassen)	(Unterschrift des Bootseigners oder Bootsführers)

Ansprüche von Bootsinsassen, die zuschaden kamen, gegen den Skipper sind durch die Haftpflichtversicherung gedeckt. Davor, daß er über die Versicherungssumme hinaus in Anspruch genommen werden kann, schützt sich der vorsichtige Seefahrer durch eine „vertragliche Haftungsbeschränkung“ etwa dieses – vom DMYV empfohlenen – Wortlauts. (Für Nichtvolljährige müßten die Eltern unterschreiben.)

Versicherungsschutz ausgenommen sein.

Wichtig aber und in so ziemlich allen Bedingungen zu lesen ist:

Außenborder sind gegen Diebstahl nur versichert, wenn sie mit einer mindestens 5 Millimeter starken Stahlkette am Boot befestigt sind.

Schäden, die infolge mangelhafter Ausrüstung, Bemannung oder Wartung entstehen, werden nicht ersetzt.

Unterversicherung: wenn ich meine 100 000-Mark-Yacht zur Prämie für ein 50 000-Mark-Boot versichere, bekomme ich im Schadenfall auch nur die Hälfte ausbezahlt.

Kurzkasko wie beim Auto, auf ein, zwei Monate gibt es nicht, ebensowenig Kurz-Haftpflichtversicherung.

Wem Vollkaskoversicherung zu aufwendig erscheint, der kann sich auch teilkaskoversichern: Nur gegen Feuer, Diebstahl und Totalverlust, also ohne Unfallschäden. Ausgesprochen attraktiv ist diese Versicherung indessen nicht: sie kostet nämlich zirka 60 Prozent der Vollkaskoprämie.

Für 5 Mark gibt es beim ADAC einen Anhänger-Zusatzbon zum Auslandsschutzbrief. Wer ihn hat, dem wird notfalls sein Trailer samt dem Boot heimtransportiert, falls dieser Trailer oder das Auto kaputtgegangen und im Ausland nicht reparierbar sind.

*

Beim Wasserskischlepp ist der Bootführer durch seine Bootshaftpflichtversicherung geschützt. Der Skiläufer, falls er durch seine Schuld einen Schaden verursacht, ist es nicht; für ihn tritt seine Privathaftpflichtversicherung ein.

Wasserskifahrt, in zweibrettiger Urlaubsmanier betrieben, ist entschieden leichter als der winterliche Skisport. Das hängt damit zusammen, daß es dem Wasser an jähen Steilhängen und Buckeln, Eisplatten, engen Ziehwegen und dergleichen fehlt, und auch daß in der Regel keine Bäume oder Latschen darin wachsen.

Mangelndes Talent, das man am Arlberg zeigte, beweist somit noch nicht, daß man auch auf der Mosel scheitern müßte.

Zur Wasserskifahrt langt ein Schlauchboot

- mit einem Motor möglichst nicht unter 25 PS (18 kW). Für Monoski ab 40 PS (29 kW),
- mit Lenkrad und Frontschaltung (zwecks besserer Gewichtsverteilung),
- eine zirka 20 Meter lange Schleppleine,
- mit Doppelhantel oder Einzelbügel,
- eine Dreiecksschnur mit einer Gleitrolle, an der die Skischleppleine hängt,
- ein Schwimmkörper etwa 2 Meter hinterm Motor, der die Leine nicht versinken und in den Propeller kommen läßt,
- ein Paar Wasserskier (150 bis 200 Mark), das dem Gewicht derer, die fahren sollen, einigermaßen angemessen ist (das weiß der Herr vom Sportgeschäft),
- eventuell, damit man nicht erfriert, ein wärmender Schutzanzug (ab 200 Mark),
- ein zweiter Mann im Boot, dessen Aufgabe darin besteht, den Ski-

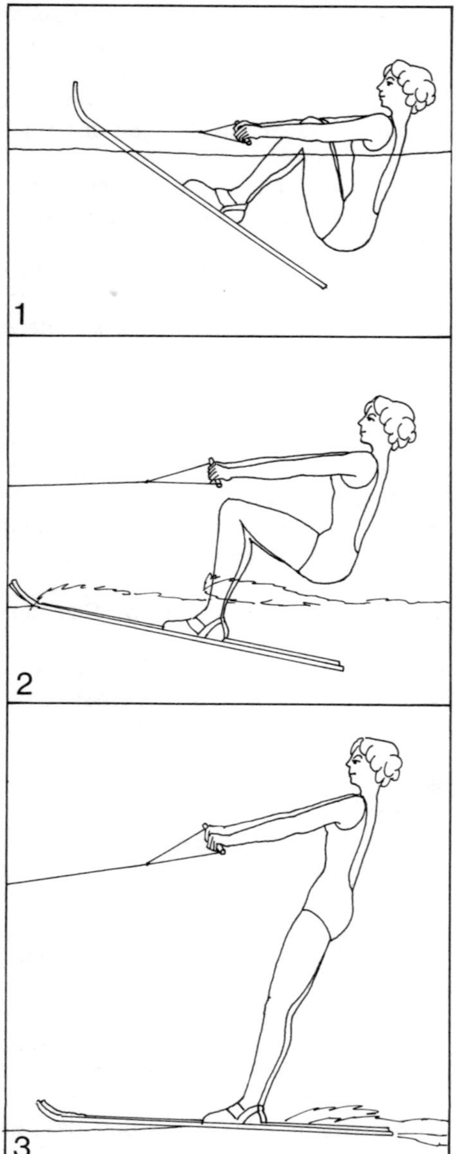

fahrer zu beobachten und dessen Handzeichen zu bemerken.

Solche Handzeichen sind beispielsweise:

Faust nach oben stoßen	= schneller
flache Hand mehrmals abwärts bewegen	= langsamer
nach links oder rechts deuten	= Richtungsänderung
Hand senkrecht nach oben	= Halt.

Der kritischste Moment der Wasserskifahrt ist der Start. Man kann ihn vom Steg aus praktizieren – im Trocknen sitzend, die Skier auf der Wasseroberfläche – und man kann aus dem Wasser starten. Die letztere Methode, Naßstart genannt, ist die einfachere und für den Anfänger erfolgversprechendere.

Man begibt sich im Wasser – das brust- oder auch 150 Meter tief sein kann – in die tiefe Hocke, so tief, daß man fast auf den Brettern sitzt, Knie eng geschlossen, das Seil in den beiden Händen, die Arme waagerecht ausgestreckt, die Füße im Abstand von zirka 10, 20 Zentimetern voneinander. Die Skier ragen im 45-Grad-Winkel aus dem Wasser, das Schleppseil läuft zwischen den Skiern durch – Abbildung 1.

Nun fährt das Boot an, erst langsam, bis das Seil gestrafft ist, dann wird gasgegeben und der Skiläufer aus dem Wasser gezogen. Er steht dabei nicht etwa auf (sonst nämlich kippt er sofort wieder um), sondern harrt in der Hocke aus – Abbildung 2 –, und erst wenn seine Skier bereits auf dem Wasser gleiten, richtet er sich, aus den Knien heraus, auf. Die Arme bleiben gestreckt,

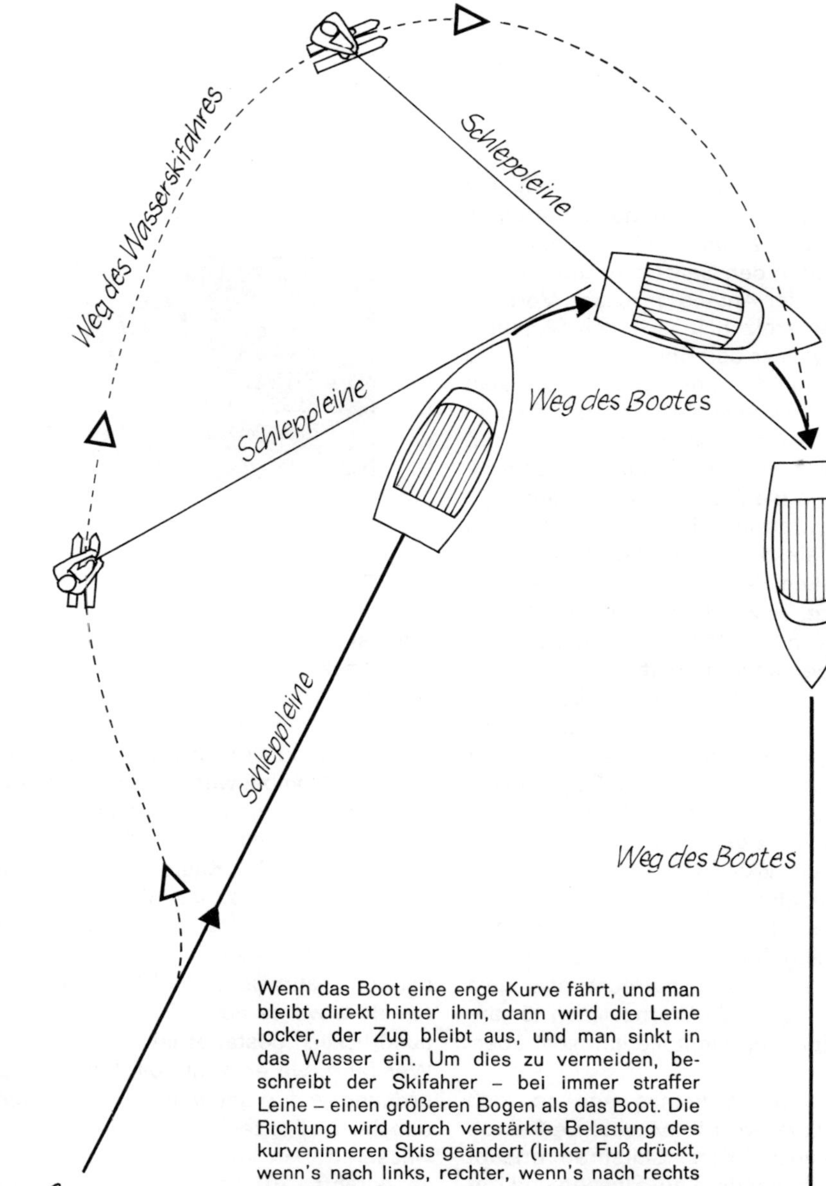

Wenn das Boot eine enge Kurve fährt, und man bleibt direkt hinter ihm, dann wird die Leine locker, der Zug bleibt aus, und man sinkt in das Wasser ein. Um dies zu vermeiden, beschreibt der Skifahrer – bei immer straffer Leine – einen größeren Bogen als das Boot. Die Richtung wird durch verstärkte Belastung des kurveninneren Skis geändert (linker Fuß drückt, wenn's nach links, rechter, wenn's nach rechts gehen soll). So überquert der Skiläufer federnden Knies die Heckwelle, läßt sich hinaustragen und gelangt schließlich wohlbehalten wieder ins Kielwasser seines Zugboots.

der Rücken auch. Die Knie nicht, sie haben Federungsfunktionen zu erfüllen. Die Haltung ist, man sieht's in Skizze 3, leicht gegen den Seilzug zurückgeneigt. Damit ist der Anfang geschafft. Vorsichtig, aber stolz hält sich der Skifahrer im Kielwasser des Bootes, das schroffe Kurven meidet und Bögen, die sein müssen, weitausholend nimmt, so daß dem Zögling nicht mehr passiert, als daß ihm nach etlichen Minuten die Knie weich und die Arme müde werden.

Sollte er straucheln, so hat er nichts zu tun, als die Leine loszulassen. Das gilt in allen Fällen, wenn man den Eindruck hat, es würde brenzlig (möglicherweise auch bereits beim Start). Hält man die Bügel nämlich fest, in der irrigen Hoffnung, so bliebe man vielleicht stehen, dann vollzieht sich der Sturz nur um so heftiger, und man kann sich die Skier an das Schienbein und den Bügel an die Nase hauen; wer einfach losläßt, versinkt schmerzlos.

Er löst die Skier von den Füßen, was ganz mühelos gelingt: die Bindung ist nichts als eine Art Gummischuh, wartet, bis er abgeholt wird, und läßt unterdessen einen Ski aufrecht aus dem Wasser ragen, als Warnzeichen für andere Kapitäne, damit sie ihn nicht überfahren.

Es ist übrigens keineswegs so, daß überall dort, wo Motorboote verkehren dürfen, auch Wasserskifahren erlaubt wäre. Insbesondere auf Flüssen und Kanälen sind Skifahrer nur an Stellen zugelassen, die durch ein rechteckiges

blaues Schild mit der weißen Inschrift „Ski" gekennzeichnet sind, wozu überdies noch regionale Spezialvorschriften: Wasserskilauf nur von soviel bis soviel Uhr, Abstand von schwimmenden Geräten, Strombauwerken, Fahrwasserzeichen hier mindestens 10, dort 20 Meter usw. – zu beachten sind.

Für die deutsche Küste gilt: Innerhalb des Fahrwassers ist Wasserskifahrt grundsätzlich verboten, falls nicht das blaue Skischild es einmal erlaubt; außerhalb der Fahrwässer darf man ebenfalls nur dort, wo es durch Bekanntmachung ausdrücklich gestattet ist.

Wer fährt, wo er nicht soll, beträgt sich ordnungswidrig und muß damit rechnen, daß ihn die Polizei behelligt. Auf Binnenwasserstraßen kostet unerlaubte Wasserskifahrt 10 Mark Verwarngebühr oder 60 Mark Geldbuße, auf Seeschifffahrtstraßen ist's noch teurer: 100 Mark.

Rad & Pinne

Der Bootsmotor hat einen Propeller. Dieser Propeller dreht sich und erzeugt dadurch einen Schub, der aufs Schiff übertragen wird. So bewegt sich das Schiff, geradeaus. Mit Hilfe eines verstellbaren Ruderblattes kann der Druck abgelenkt, die Fahrtrichtung geändert werden. Oder auch – so beim Z-Trieb und so beim Außenbordmotor – dadurch, daß der Propeller geschwenkt wird.

Der Außenbordmotor hängt am Heck des Bootes; sein Druck wirkt sich aufs Heck aus, beim Lenken verschiebt er das Heck, je nach seiner Stellung und Wirkungsrichtung, nach links oder nach rechts.

Der Rudergänger steuert, indem er den Motor schwenkt, entweder mit dem Lenkrad oder direkt, indem er den Motor an einem Handgriff, an der Pinne faßt.

Die Frage, was vorzuziehen sei, Pinne oder Steuerrad, stellt sich nur in den untersten Boots- und Motorisierungsklassen: beim Schlauchboot und beim kleinen harten Außenmotorboot. Frontsteuerungsanlagen gibt es, als Zusatzausrüstung, bereits für 4 PS-(3-kW)-Motoren; je stärker der Motor ist, um

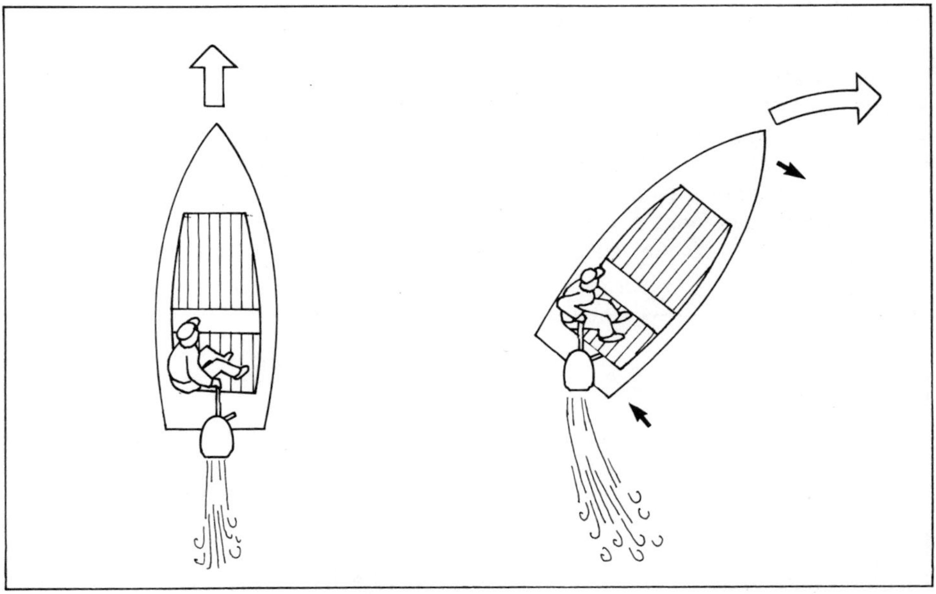

Das kann den Außenbordanfänger verwirren: Um nach rechts zu lenken, muß er die Pinne zur linken Seite schieben. Warum, ist jedoch klar: Der Propeller wird dadurch nach rechts geschwenkt, seine Schubkraft drückt das Heck nach links, also beschreibt das Boot eine Rechtskurve.

so empfehlenswerter wird es, eine Frontlenkung zu haben, oder umgekehrt: je schwächer der Motor, desto müheloser kann man ihn mit der Pinne drehen. Im Fall der Wahl wäre folgendes zu überlegen:

- Lenkrad sieht wesentlich eleganter aus.
- Jeder Anfänger kann es ohne weiteres bedienen: wie Lenken geht, weiß er vom Auto her, auf dem Boot funktioniert's genauso. Dagegen macht die Pinne zunächst Schwierigkeiten, da man sie – siehe Skizze – just in die Richtung drücken muß, in welche man nicht fahren will.
- Das Lenkrad hält sich angenehmer in der Hand als eine Pinne, und auch die Sitzposition ist vorn am Rad die komfortablere.
- Die Gewichtsverteilung schließlich ist im frontgelenkten Boot die bessere: hinten der schwere Motor, vorn der Fahrer, der das ausgleicht. So kommt das Boot schneller zum Gleiten, und so eignet es sich zum Wasserskischlepp besser als eines mit Pinnensteuerung.

Andererseits hat auch die Pinne ihre Vorzüge:

- Das Boot, das man an der Pinne lenkt, ist wendiger; der Motor läßt sich mit der Pinne rascher schwenken als mit dem Steuerrad.
- An der Pinne habe ich Lenkung und Gas (als Drehgriff) in einer Hand; am Lenkrad sitzend, fürs Gas einen eigenen Hebel. Also wird die Schnelligkeit der Reaktion im Notfall an der Pinne höher sein.
- Die Frontsteuerung und -schaltung und ihre Übertragungselemente nehmen Platz im Boot weg.
- Die Frontsteuerung kostet, als zusätzliche Einrichtung, ein paar hundert Mark extra.
- Das Anbauen und Abnehmen des Motors – oder der ganze Aufbau des Schlauchboots – ist komplizierter, wenn ich die Fernbedienungsteile auch noch montieren muß.

Nautischer Sprachführer zum Thema „Lenkrad & Pinne"

Pinne	der Handhebel, mit dem das Steuerruder beziehungsweise der Außenbordmotor geschwenkt wird. Die Motorpinne wird am Gasdrehgriff gehalten, der häufig außerdem auch noch zum Schalten des Vor- und Rückwärtsganges dient.
Rudergänger	der Mann, der „Wache am Ruder geht", der das Steuerruder zu bedienen hat.

Vorhin lief er noch

Man muß die Vorzüge und Nachteile miteinander addieren beziehungsweise voneinander subtrahieren und sich dann entschließen – aber möglichst schon vor dem Bootskauf, weil, insbesondere beim Schlauchboot, verschiedenes Frontlenkungszubehör, Führungen, Laschen usw., eigens von der Fabrik angebracht werden müssen.

Die überwiegende Mehrzahl der Freizeitkapitäne steht ihrem Boot so gegenüber wie dem Auto: Wenn's fährt, ist's recht, wenn aber nicht, schaut man ratlos unter die Motorhaube, schüttelt den Kopf und weiß nicht weiter.
Was doch, wenn man es recht betrachtet, ziemlich eigenartig ist: Bootsmotoren sind so komplizierte Gebilde nicht, daß man drei Jahre Lehrzeit brauchte, um sie zu begreifen. Der Zusammenhang zwischen Ursache und Wirkung ist stets zwangsläufig, der ganze Aufbau recht vernunftgerecht, die Funktion leichtbegreiflich, man müßte sich mit so einem Motor nur einmal ausgiebig beschäftigen, beziehungsweise nicht nur einmal, sondern öfters, und die verschiedenen Prüf- und Arbeitsgänge üben; Übung macht, wenn schon keinen Meister, so doch einen Seemann, der sich einigermaßen helfen kann.
Man läßt sich von jemand Gescheitem zeigen, wie alles geht, was es mit dem Vergaser auf sich hat, wie man die Pumpmembran ersetzt, Zündkerzen wieder herrichtet, Luft aus der Dieselmotoreinspritzleitung bringt etc. Das alles ist keine Hexerei; der Dümmste – und der ist man ja gar nicht – kann es lernen.
In Zeitschriften und Büchern liest man gute Tips:
Vielleicht steht bloß wer auf der Leitung vom Benzintank zum Motor; dann möge er heruntertreten. Oder das Benzin ist ausgegangen oder der Leitungsschlauch verstopft (blasen Sie durch, zum Beispiel mit dem Luftmatratzenblasebalg). Leitung zum Vergaser (diese abschrauben, Kraftstoffpumpe betätigen, kommt

was?) verstopft? Dann bitte reinigen. Oder liegt die Krankheit im Vergaser? In der Betriebsanleitung liest und sieht man abgebildet, wo der Vergaser zu finden ist. (Für Besizer fremdsprachiger Anleitungen: auf englisch heißt der Vergaser „carburettor“, auf italienisch „carburatore“.) Vergaserdeckel abschrauben. Bewegt sich der Schwimmer? Und wie steht's mit dem Nadelventil? Ist die Düse verstopft? (Reinigen, möglichst mit einer Borste.)
Natürlich kann es auch die Zündanlage sein. Das ist dann zu vermuten, wenn der Motor nicht unter schmerzlichem Stöhnen, Husten und Räuspern verstorben ist (dies Husten ist immer ein Hinweis darauf, daß es an der Kraftstoffversorgung liegt), sondern plötzlich, ohne Vorwarnung zu laufen aufgehört hat. Da mag sich ein Kabel am Verteiler, Kerzenanschluß oder wo immer gelöst haben. Oder die Zündkerzen sind naß geworden, man ersetze sie durch neue oder putze, wenn man keine hat, die alten.
Und wird sich wundern, wie ungeschickt man sich bei solchen Tätigkeiten anstellt. Darum noch einmal: Lernen Sie Ihren Motor kennen, eh Sie daran reparieren müssen! Wenn Sie's allein nicht schaffen und keinen kostenlosen Lehrer finden, lohnt sich's, einen Mechaniker zu engagieren und bei ihm ein paar Stunden Unterricht – dazwischen allein üben – zu nehmen.
Im Zustand der absoluten Unerfahrenheit ist es bereits verwegen, auch nur zwei Kilometer von der Küste entfernt zu fahren: rudern lassen sich nur ganz kleine Boote, Besegelung ist nicht vorhanden, da ist, wenn's der Motor nicht mehr tut, Senoot am Mann, jedenfalls dann, wenn man allein, mit einem Schiff, unterwegs ist. Weshalb der kluge Ignorant seine Seereisen im Konvoi unternimmt, begleitet von mindestens einem zweiten Boot.

Motorbootfahrt ist kinderleicht, wie man hier sieht, ob am Lenkrad einer Yacht oder an der Pinne eines sportlich schnellen Schlauchboots.

Selbst in der Schleuse gibt es keine Schwierigkeiten, wenn man sich, wie hier, ganz ungestört allein darin befindet.

Oder wenn nicht mehr als ein paar harmlos kleine Boote da sind.

So schön und komfortabel fängt der Nord-Ostseekanal in Kiel-Holtenau an.

Und so endet die Kanalfahrt in Brunsbüttel. Vor unserm Kleinschiff erkennt man jenen Hartwig Buss, der uns beinah zerschellen ließ.

So hast du in der Not

„Welche Aufgabe hat die Gesellschaft zur Rettung Schiffbrüchiger?“, lautete früher eine der Sportbootexamensfragen (sie wurde inzwischen leider gestrichen).
Man dachte zunächst: Das ist sicher eine gemeine Falle, wahrscheinlich beschäftigen sich die in Wirklichkeit mit der Anfertigung von Tauchanzügen, mit Gezeitenforschung oder Vogelnesterschutz. Aber nein, die rechte Antwort, die zwei Gutpunkte erbringt, heißt: „Rettung von Menschen aus Seenot.“

Überdies muß der Prüfling elf internationale Seenotsignale kennen:

Kanonenschüsse oder andere Knallsignale in Zwischenräumen von etwa einer Minute;

anhaltendes Ertönen eines Nebelsignalgeräts;

Raketen oder Leuchtkugeln mit roten Sternen, einzeln in kurzen Zwischenräumen;

Morsesignal SOS:

● ● ● ▬ ▬ ▬ ● ● ●

Sprechfunksignal „Mayday“;

das Notzeichen NC des Internationalen Signalbuchs;

ein Signal aus einer viereckigen Flagge und drunter oder drüber einem Ball;

Flammensignale wie brennende Teertonnen;

rote Fallschirmleuchtrakete oder Handfackel;

orangefarbenes Rauchsignal;

langsames und wiederholtes Heben und Senken der nach beiden Seiten ausgestreckten Arme.

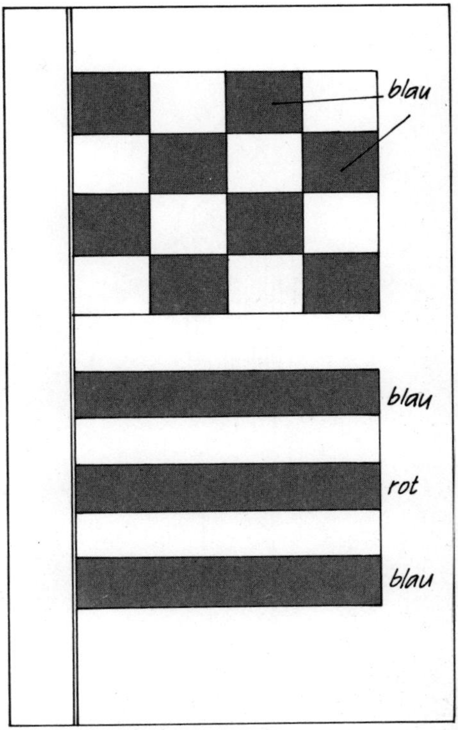

Flagge N über Flagge C.

Einiges davon, so der Kanonendonner und die lichterloh brennenden Fässer, sind für den Sportschiffahrer schwerlich praktizierbar, Sprechfunk und Telegrafen hat er höchstwahrscheinlich nicht an Bord, Signalflaggen und Armeschwenken taugen nur auf kurze Sichtweiten. So bleiben als Yachtnotgeräte vorwiegend die Leuchtraketen.
Sie zählen, nebst einem Schießgerät, das aussieht wie ein Kugelschreiber oder eine Ochsenschlachtbolzenmaschine zur Ausrüstung des Schiffs, und sie sind tagsüber auf 3 Seemeilen hin (5½

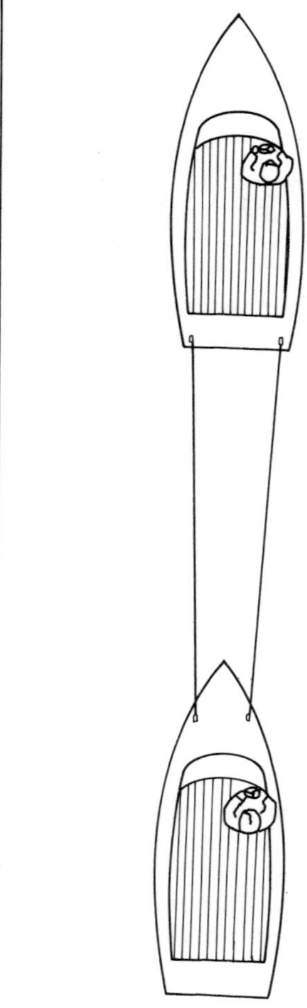

I

Kilometer) zu sehen, nachts sogar 10 Meilen weit (über 18 Kilometer).

Dann wird in Gottesnamen die Schiffbrüchigengesellschaft oder die Polizei, ein Fischerboot oder sonstwer zu Hilfe eilen.

„Wann dürfen Notsignale gegeben werden?", fragt der Prüfungsfragebogen weiter. Die Antwort ist: „Nur bei akuter Gefahr für ein Schiff oder dessen Besatzung." Das Bußgeld im Übertretungsfall, der unnötige Hilfs- und Suchaktionen auslösen kann, beträgt 300 Mark.

Zuweilen kommt es vor, daß ganze Seenotflotten auslaufen, um ein Schiff zu suchen, das in einem Hafen erwartet wird, aber nicht eintrifft. Wartende Angehörige und Freunde alarmierten die Polizei, und schließlich stellt sich heraus: der Kapitän hat es sich anders überlegt und unterwegs eine Kneipe angelaufen. Solches läßt sich vermeiden, indem man Änderungen seiner Pläne und Entschlüsse telefonisch bekanntgibt.

Zur Sicherheitsausrüstung des Boots gehören außerdem, je nach Revier (auf der Lahn braucht's weniger als in der Biskaya): ein Rettungsring, ein Feuerlöscher, eine Bordapotheke, ein Handkompaß.

Überdies eine Schwimmweste pro Person an Bord. Wobei danach zu trachten wäre, ohnmachtsichere Modelle zu erwerben, die sich dadurch auszeichnen, daß sie auch Menschen, die sich nicht mehr rühren, mit dem Kopf überm Wasser halten; denn sie haben die Auftriebskörper vorn an der Brust und an den Schultern. Die andern sind mit Rückenauftriebskörpern ausgestattet;

sie drehen den, den sie retten sollen, auf den Bauch und lassen sein Gesicht ins Wasser tauchen. Wer noch schwimmen und sich bewegen kann, dem hilft auch die ohnmachtunsichere Weste, der Bewußtlose, Halberfrorene, Verletzte aber, der wird von ihr ersäuft.

Die „Verordnung über die Sicherung der Seefahrt" verpflichtet jeden, der dazu imstande ist, „in Seenot befindlichen Menschen mit größter Geschwindigkeit zu Hilfe zu eilen" (Bußgeld, wenn man's nicht tut, 500 Mark). Zur Bergung des havarierten Schiffes ist niemand verpflichtet. Man hilft freiwillig und sollte dazu – mindestens – zweierlei wissen:

Erstens: Beim Schleppen werden die Beschläge stark belastet. Man macht die Schleppleine deshalb nicht bloß an einer Klampe fest, sondern verteilt den Zug – Abbildung 1 –, am besten mit Hilfe zweier Leinen, auf zwei (und fährt auch nicht ruckartig an, sondern sehr sacht).

Zweitens: Die Länge der Leine ist bei ruhiger See ziemlich beliebig: ein- bis anderthalbfache Bootslänge. Bei stärkerem Seegang sollte sie zwei oder drei Wellenlängen entsprechen, und zwar exakt: Schlepper und geschlepptes Fahrzeug müssen sich immer gleichzeitig auf dem Wellenberg oder im Wellental befinden (Abbildung 2), sonst nämlich muß man damit rechnen, daß die Leine abreißt.

Daß man in vorsichtig niedrigen Geschwindigkeiten schleppt, versteht sich nicht nur von selber, es ist im Interesse der Sicherheit dringend vonnöten. Die erlaubte Geschwindigkeit hängt von der Länge des geschleppten Bootes ab. Ungefähr gilt

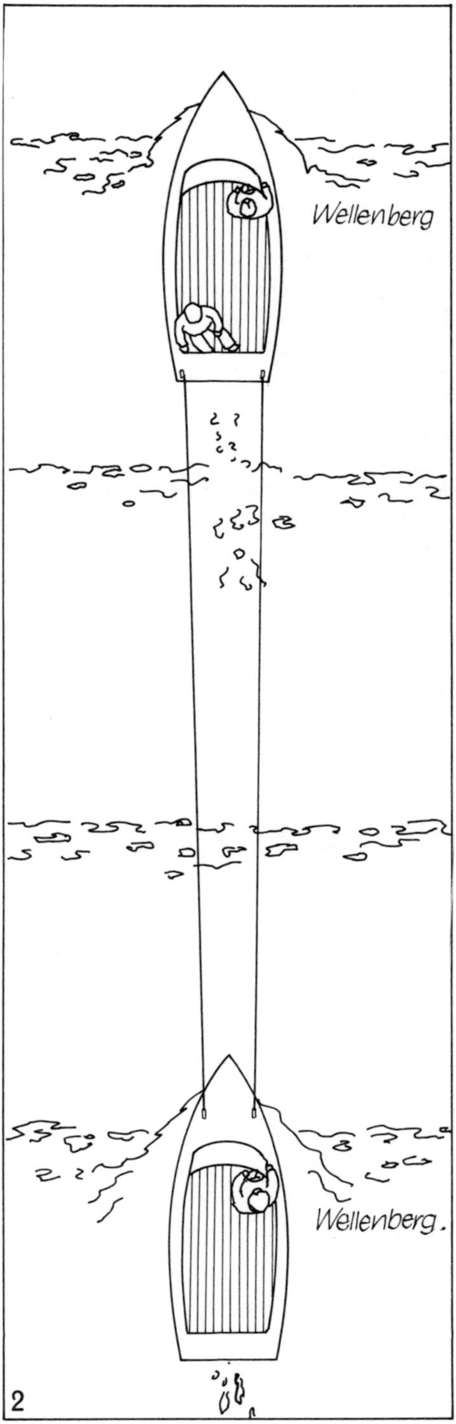

für ein	4-m-Boot	4,7 kn bzw.	8,7 km/h
für ein	5-m-Boot	5,4 kn bzw.	10 km/h
für ein	6-m-Boot	6,1 kn bzw.	11,2 km/h
für ein	7-m-Boot	6,4 kn bzw.	11,8 kw/h
für ein	8-m-Boot	6,9 kn bzw.	12,7 km/h
für ein	9-m-Boot	7,3 kn bzw.	13,5 km/h
für ein	10-m-Boot	7,7 kn bzw.	14,2 km/h

Manches Boot, das schneller geschleppt wurde, liegt noch heute auf dem Grund des Meeres.

Verzeihung, wo bin ich eigentlich?

Ein guttrainierter Navigator, dem man sagt: „Schau, hier ist A, jetzt fahr einmal nach B“, der nimmt die Seekarte zurhand, blickt auf den Kompaß, berücksichtigt Mißweisung und Deviation, die „Beschickung für Wind“ und die „durch Strom“, nimmt die Fahrgeschwindigkeit in seine Rechnung auf, peilt noch schnell nach dem Abendstern und weiß genau: Zunächst Kurs 120 zur Heultonne Ypsilon, Ankunft dort um 14 Uhr 45, dann mit Kurs 245 bis 15 Uhr 30 nach B. Auch Trockensteuermänner, die sich in Heimarbeit auf den BR-Schein vorbereiten, lösen solche Denkaufgaben bravourös mit Kursdreieck, Lineal und Zirkel.

In der Praxis ergeben sich dann oft gewisse Schwierigkeiten, dann passiert es, daß eine Crew in Barcelona startet, dort erzählt: „Wir fahren jetzt schnell nach Mallorca“ – und das ist das letzte Wort, das man von Ihnen hört: sie sind, bei schlechter Sicht, an der Insel vorbeigefahren, hinaus aufs Weltmeer, und wurden wahrscheinlich von ihm verschlungen. (So geschehen im März 1975.)

Man kann daraus mehreres lernen:

Erstens: Je kleiner das Ziel ist, das man vor sich hat, um so leichter trifft man daneben. Weshalb der Seemann, der seine Grenzen kennt, nur Inseln anfährt, die er vom Startpunkt aus sehen kann. Oder Ziele am festen Land; das Land ist groß, aus Versehen daran vorbeizusteuern, ist fast nur an den Ecken möglich.

Zweitens aber: Wer nicht genug Erfahrung hat, vermeide kühne Navigationen und lenke sein Schiff in Sichtweite und

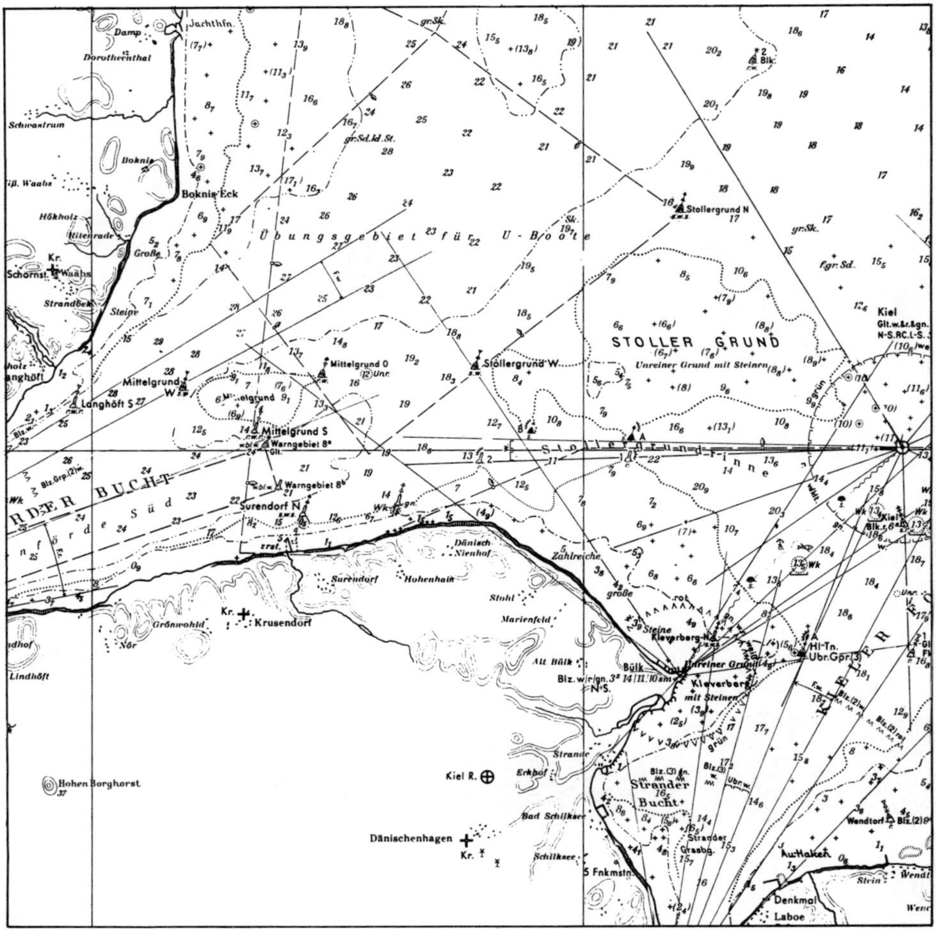

So sieht eine Seekarte aus.

unterm Schutz der Küste (und auch nur am Tag). Das ist sogar hübscher; hohe See ist, recht betrachtet, eine langweilige Gegend.
Schon die terrestrische Navigation, die Navigation nach festen Punkten, die an Land zu sehen sind, ist für den Anfänger schwierig genug.
Es gibt vortreffliche und sündteure Seekarten in komfortablem Maßstab (für Küstennavigation 1 : 40 000, 1 : 50 000, mindestens 1 : 100 000). Sie zu lesen ist

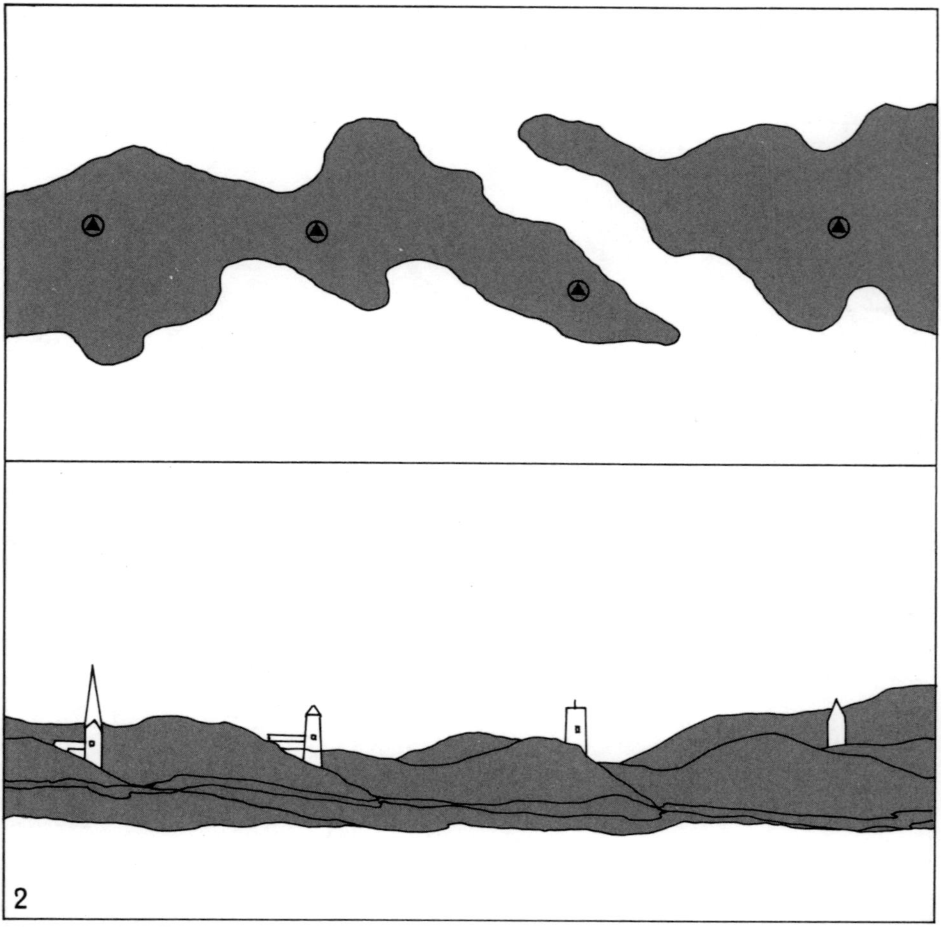

Nach der Karte ist es klar, wo die Durchfahrt zwischen den zwei Inseln ist. In natura aber sieht das etwa so aus wie in der Abbildung unten. Die Kulisse ist so verschoben, daß man die Lücke nicht erkennt. Da suchen Sie mal!

keine größere Kunst als die Lektüre einer Autostraßenkarte. Der Unterschied besteht bloß darin: Während an Land überall Schilder stehen, nach Aschheim 7 Kilometer, nach Ebersberg, Ortsende Lüchow – Dannenberg, zur Großmarkthalle – sind Schiffahrtswege unbetafelt. Da fährt man nun, vor sich das Küstenpanorama, die Karte neben sich. Auf der Karte sind Dörfer eingezeichnet, Bäume,

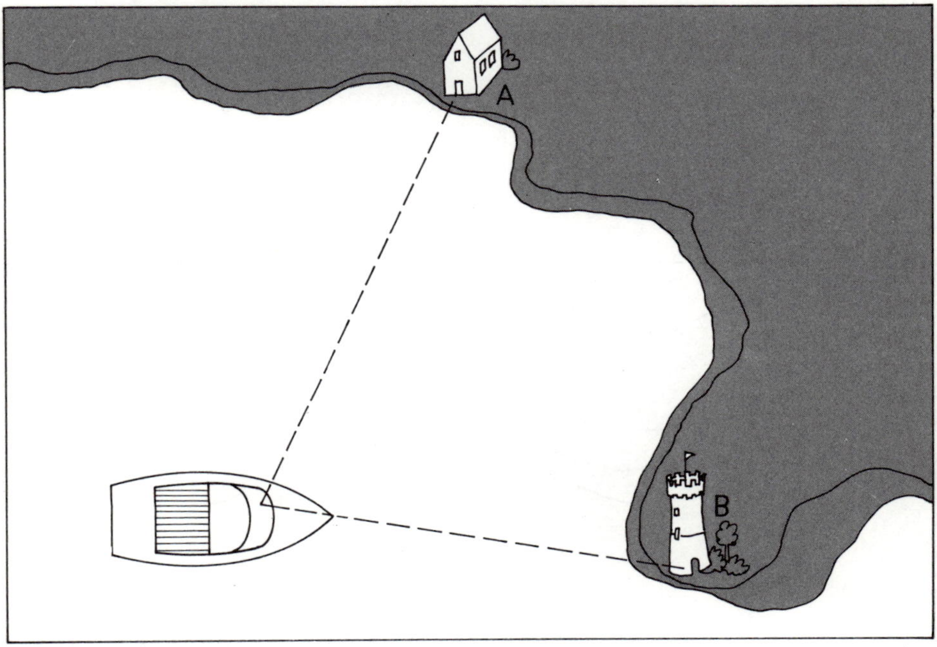

So stellt man mit Hilfe zweier Landmarken seinen Standort fest: Man mißt – mit der Peilscheibe – den Winkel zum Haus A, dann den zum Turm B . . .

Peilscheibe = Peilkompass

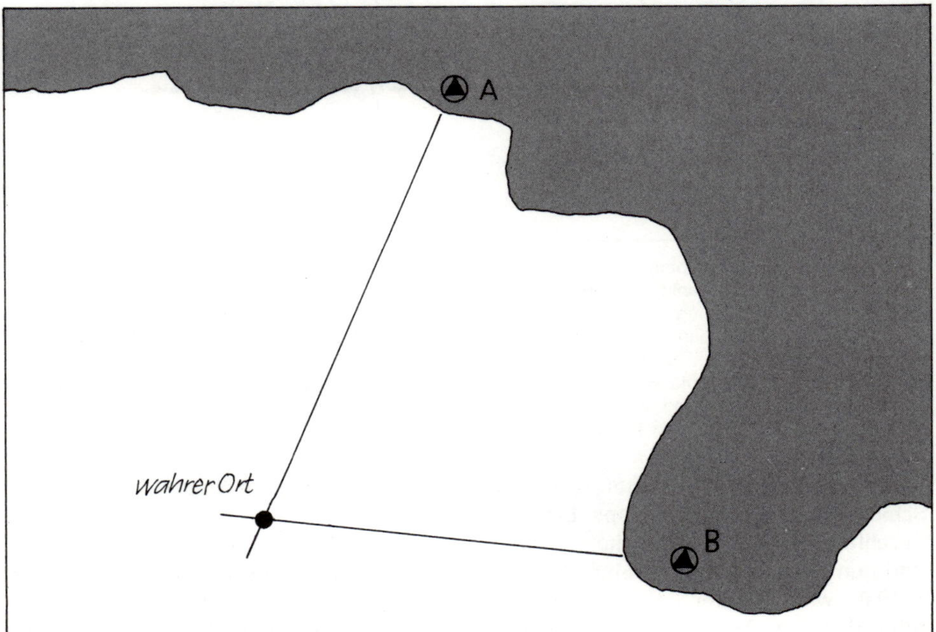

. . . trägt die Peillinien in die Seekarte ein, und dort, wo sie sich kreuzen, steht das Schiff. „Kreuzpeilung" heißt das Verfahren.

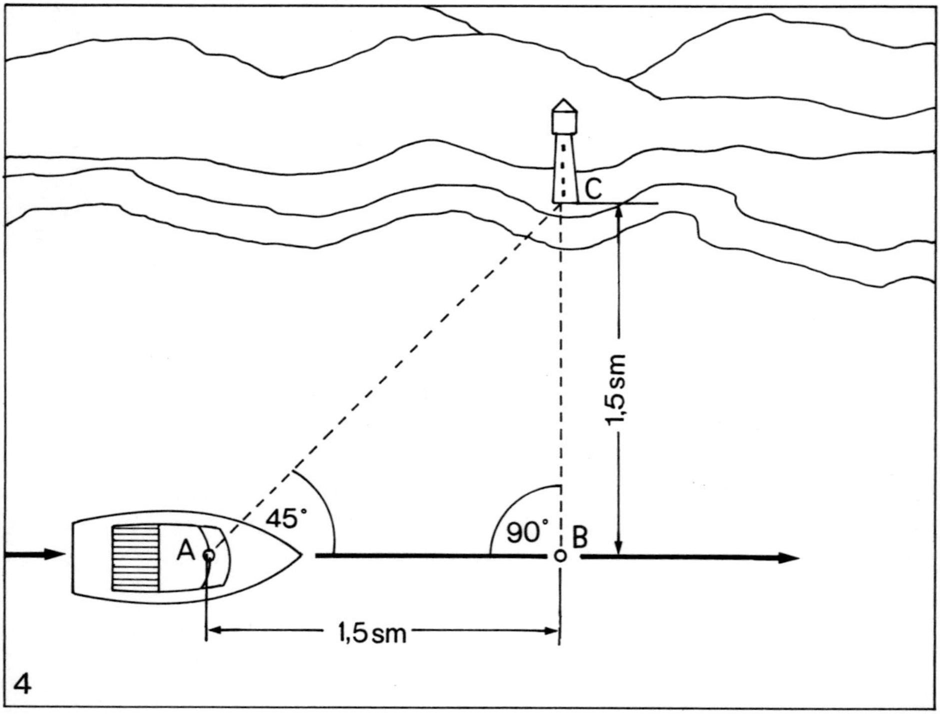

Wer wissen will, in welchem Abstand er sich von einem bestimmten Punkt (C) befindet, kann dies durch „Verdoppelung der Seitenpeilung" erfahren. Er visiert den Punkt erst unter einem 45-Grad-Winkel an. Dann fährt er, in gehabter Richtung, weiter, bis er den Punkt unter einem Winkel von 90 Grad erblickt. Aus der Zeit, die er brauchte, um vom Meßpunkt A zum Meßpunkt B zu fahren, errechnet er die zurückgelegte Strecke. Die aber ist, da sich's bei A-B-C um ein gleichschenkliges Dreieck handelt, gleich dem Abstand B-C. Natürlich ist das nur dann sinnvoll, wenn man weiß, wie schnell man fuhr. Wie sich dies feststellen läßt, demonstriert Abbildung 5.

Steil- und flache Ufer, Untiefen, Türme, Schlote, Buchten, Molen, Kaps, Ein- und Durchfahrten und Hafenbecken.

Und nun identifizieren Sie einmal:

Ist das, was ich hier halblinks vor mir sehe, das Cap Antonio oder der Monte Garibaldi? Und das die Bucht, wo wir die Schiefeles zum Baden treffen wollten? Oder die nächste? Oder übernächste?

Die Küstenlinie wird unplastisch, wenn man wenige hundert Meter weit von ihr entfernt ist, eine kleine Insel, in der Karte als wichtiger Orientierungspunkt verzeichnet, hebt sich vom Land nicht ab, Molen erkennt man nicht, Flußmün-

Manche Boote haben komfortable Wegstreckenmesser (die ziemlich störanfällig sind). Billiger stellt man Geschwindigkeit und gefahrene Strecke durch das sogenannte „Relingslog" fest. Man braucht dazu eine Stoppuhr und ein Stück Papier. Das Papier wirft man vorn neben dem Boot ins Wasser, läßt es am Boot vorbeitreiben, und mit der Stoppuhr wird gemessen, wielang das Papier brauchte, um vom Bug zum Heck zu gelangen. Die Bootslänge kennt man, und nun errechnet sich die Geschwindigkeit nach folgender Formel:

$$\frac{\text{Wegstrecke} \cdot 2}{\text{Sekunden}} = \text{Knoten}$$

wobei die Strecke in Meter gemessen wird und im Interesse der Genauigkeit nicht viel kürzer als 10 Meter sein soll. In unserm Beispiel ergibt sich:

$$\frac{10\ \text{m} \cdot 2}{2{,}5\ \text{sec.}} = 8\ \text{Knoten.}$$

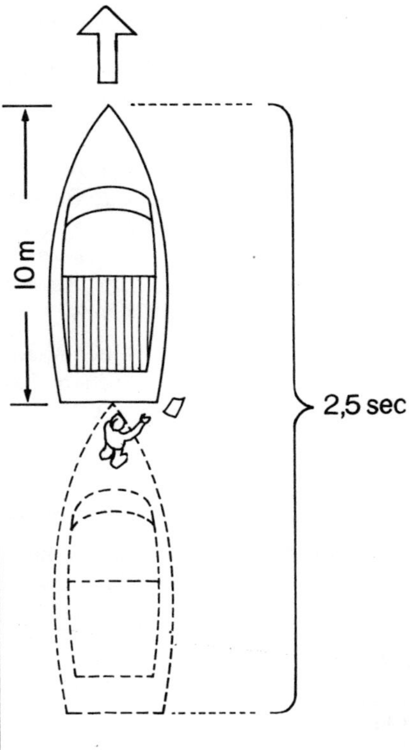

5

dungen verschwinden und sehen bestenfalls wie Buchten aus. Welche von den tausend Inselchen Dalmatiens habe ich jetzt vor mir? Und wo ist die – in der Vogelschau des Kartenmalers überdeutliche – Durchfahrt zwischen den Inseln Ugljan und Pašman (südlich Zadar in Jugoslawien; die habe ich, fremd in der Gegend, schon einmal stundenlang gesucht und nur durch einen Zufall entdeckt.)

Sogar Gemeinden, die man vom Land her durchaus schon gesehen hat, schauen aus dem Meer betrachtet, manchmal bis zur Unkenntlichkeit anders aus.

Das alles ist auf Spazierfahrt untertags nicht furchtbar schlimm, höchstens ärgerlich, aber es kann sich zum Schlimmen wenden, wenn Nebel aufkommt, wenn aufgrund ewiglanger Umwege das Benzin zur Neige geht oder wenn da, wo man sich wähnt, schiffbares Wasser wäre, dort aber, wo man ist, felsige Untiefe droht.

Rezept dagegen gibt's nur eines: Nicht dem ersten Eindruck trauen, die Karte genau prüfen. Wo die Angaben auf der Karte und die tatsächlichen Umstände nicht übereinstimmen, ist meistens nicht die Karte, sondern die Gegend falsch.

Nautischer Sprachführer zum Thema „Navigation“

Beschickung	soviel wie Berichtigung: die Berichtigung eines Kurses unter Berücksichtigung der Abtrift (des seitlichen Abtriebs) durch Wind oder Strömung.
Deviation	die Ablenkung der Kompaßnadel aus ihrer Nord-Süd-Richtung, die durch Metallteile, elektrische Leitungen etc. des Schiffs hervorgerufen wird. Für jedes (bessere) Schiff gibt es eine Deviationstabelle, die die Abweichungen für die verschiedenen Kurse nennt.
Faden	Maßeinheit für die Tiefenangabe in älteren englischen Seekarten; 1 Faden (englisch „fathom“) = 6 Fuß = 183 cm.
Knoten	Geschwindigkeitsmaß: 1 Knoten = 1 Seemeile (1852 Meter) pro Stunde (siehe „Seemeile“). Abkürzung „kn“.
Landmarke	fester, einigermaßen markanter Punkt an Land, ein Turm etwa, ein Fabrikschlot, ein Hochhaus, ein Berg, der dem Seemann beim Navigieren dienlich ist.
Log	(das Log), ein Gerät zur Feststellung der Geschwindigkeit (seemännisch „Fahrt“) des Schiffes.
Mißweisung	die Abweichung der Kompaßnadel (die auf den magnetischen Nordpol zielt) vom geographischen Nordpol, auf den die Seekarte ausgerichtet ist. Diese Abweichung ist an den verschiedenen Punkten der Erde unterschiedlich (und in den Seekarten vermerkt).
Seemeile	Abkürzung „sm“, das Längenmaß des Seemanns. 1 Seemeile = 1852 Meter. Das schiefe Maß kommt von der Länge des Äquators (40 000 km), der in 360 Grad à 60 Minuten eingeteilt ist. 1 Seemeile ist die Länge einer Meridianminute. $^1/_{10}$ Seemeile ist eine Kabellänge, gleich 185 Meter. Die Binnenschifffahrt rechnet in km und – statt Knoten – km/h.

Vollbunkern bitte

„Entschuldigen Sie", fragten wir einen Herrn mit Ostfriesenmütze, „wo können wir hier tanken?"
„Bunkern", verbesserte uns vorwurfsvoll der Herr, „bunkern können Sie hier vorn traveaufwärts, kurz vor der Fähre."
Man merke also: Zur See respektive an ihren Rändern gibt es keine Tankstellen, sondern Bunkerstationen, der Seemann tankt infolgedessen nicht, er bunkert. („Bunker" heißen an Bord die Kohlen-, Öl- etc. -lagerräume.)
Die Auskunft des obenerwähnten Herrn war in zweierlei Hinsicht günstig: erstens lernten wir das Seemannswort, zweitens aber ist es keineswegs die Regel, daß man sein Benzin oder Dieselöl so bequem ans Wasser gereicht bekommt. Wir verließen den Travemünder Yachthafen, bogen ums Eck, fuhren ein Stück, da war die Bunkstelle bereits, wir legten zu ihren Füßen an, eine freundliche Dame hängte uns den Schlauch ins Schiff, füllte auch die Reservekanister, und das Geschäft war abgewickelt.
So schön hat man's nicht alle Tage. Meistens erfährt man auf die Frage nach Benzin: „Da gehen Sie die Straße links zirka 250 Meter, am Gasthaus zum Goldenen Haar vorbei, dann nochmal links, da sehen Sie schon die Esso-, Aral-, Shell-, Texaco-Tankstelle."
Also nimmt man zwei Kanister und begibt sich auf den Weg. Hinwärts geht das ganz gut, da sind die Tanks noch leer. Der Weg zurück mit zweimal zwanzig Litern Benzin in den Händen ist beschwerlicher, zumal die Kanister meist höchst unkommod gebaute, messerscharfe Griffe haben, die so auf dem Tankrücken angebracht sind, daß man die Arme, um sie zu tragen, halbwegs nach der Seite strecken muß.
Dafür, wieviel Benzin ein Motor schluckt, gibt es eine handliche Faustregel:

Je Fahrstunde pro PS (pro kW) verbraucht

Zweitaktmotor 0,5 (0,68) Liter Gemisch
Viertaktmotor 0,37 (0,50) Liter Benzin
Dieselmotor 0,18–0,26 (0,24–0,35) Liter Dieselöl.

Das gilt für Vollgasfahrt. Da die nicht immer stattfindet, verringert sich der Verbrauch meist auf drei Viertel bis zwei Drittel dieser Mengen.

Danach wären pro Fahrstunde zu rechnen:

Motor	Zweitakt	Viertakt	Diesel
5 PS (3,68 kW)	1,7 – 2,5	1,3 – 1,8	0,6 – 1,3 Liter
10 PS (7,35 kW)	3,4 – 5	2,6 – 3,6	1,2 – 2,6
20 PS (14,7 kW)	6,8 – 10	5,2 – 7,2	2,4 – 5,2
30 PS (22,05 kW)	10,2 – 15	7,8 – 10,8	3,6 – 7,8
40 PS (29,4 kW)	13 – 20	10,4 – 14,4	4,8 – 10,4
50 PS (36,75 kW)	16,8 – 25	13 – 18	6 – 13
60 PS (44,1 kW)	20,4 – 30	15,6 – 21,6	7,2 – 15,6

70 PS (51,45 kW)	23,8 – 35	18,2 – 25,2	8,4 – 18,2
80 PS (58,8 kW)	26 – 40	20,8 – 28,8	9,6 – 20,8
90 PS (66,15 kW)	30,6 – 45	23,4 – 32,4	10,8 – 23,4
100 PS (73,5 kW)	34 – 50	26 – 36	12 – 26

Und so weiter.

Die Rechnung ist ziemlich grob, natürlich. Was der Motor tatsächlich schluckt, hängt von Verschiedenem ab: vom Fabrikat, vom Boot, vom Zustand des Motors, von den Wasserverhältnissen, vom Propeller und, insbesondere, vom Fahrer, wie sehr es ihm pressiert, wie sportlich er empfindet.

Eines allerdings demonstriert die Liste überzeugend: Ein ausgesprochener Sparsport ist Motorbootfahren nicht; mit Radwandern, Lang- und Waldlauf, Brust- oder Rückenschwimmen, Schachspiel, Dahlienzucht oder Urlaub auf dem Bauernhof kann man sich die Freizeit weitaus billiger vertreiben.

Aber manchem kommt es darauf, auf die Billigkeit, gar nicht in erster Linie an. Er erfüllt damit die erste Vorbedingung, die erwarten läßt, daß er ein zufriedener, glücklicher Motorschiffer wird. Die zweite, dritte, vierte, fünfte usf. zu schaffen, hat sich dieses Buch bemüht.

Stichwörterverzeichnis